「人材が定着する会社」の社長が実践していること38

木村辰幸

KIMURA TATSUYUKI

JN038875

幻冬舎MC

はじめに

苦労して採用した人材が定着せず、すぐに辞めてしまう。あるいは長年にわたって活躍し、将来は幹部になってくれると期待をかけていた社員が、あっさりと転職してしまう。多くの中小企業経営者が、人材が定着しないという問題に頭を痛めています。

大企業のなかには人材を定着させる策として、待遇の改善を図るところもあります。全社員の給与額を一律に引き上げたり、週休3日制を導入したりするなどの施策を打ち出しています。しかし、資金力に余裕のある中小企業はほとんどないため、給与額をアップするのは極めて困難です。また、少ない人数で日々の業務をこなすのに精いっぱいのなかで、休みを増やすなど勤務体制を変えるのも現実的ではありません。

大企業のような待遇改善策を導入するのは難しい――しかし、なんらかの策を講じなければ人材流出のスパイラルから抜け出すことはできず、業績悪化は必然です。

では、中小企業が人材を定着させるのは不可能かというと、決してそんなことはありません。待遇を改善しなくても、社員をつなぎ止め、自社を成長軌道に乗せることは十分に可能です。

　私は社会保険労務士として、1997年の開業以来、中小企業を中心に280社以上の企業の顧問を務めてきました。さらには自身の顧問先のみならず、東京都社会保険労務士会多摩統括支部の統括支部長としての活動を通して、多くの経営者と会ってきました。これまでに対面し、人材に関する相談を受けたことのある経営者の数は、1000人以上に達しています。25年の経験を踏まえていえるのは、人材の定着に際し中小企業には中小企業なりのやり方があるということです。

　そもそも大企業は規模が大きく、経営層と社員との接点がほとんどありません。そこで人材の定着を図るためには給与体系や勤務体制などの制度を変える必要があります。しかし、規模が小さい中小企業ではやるべき施策が異なります。企業の規模が小さいということは経営においてデメリットのようにとらえられがちですが、人材定着に関していえばむしろメリットになります。

　中小企業では経営者と社員の距離が近いため、社員は直接経営者から会社の目標や理念を共有してもらえますし、業務に対するフィードバックも細かく行うことができます。あるいは社員が困ったり悩んだりしていればその様子もすぐに分かり、手を打つことができます。こうした日々のやり取りのなかで社員が社長を信頼し、なおかつ密接な関係が構築できていると実感できれば、社員は間違いなく定着します。

そこで本書では、中小企業経営者が社員に対してどのように行動し、接すればよいかを具体的に紹介し、そのうえで組織づくり、仕組みづくりの施策についても解説していきます。

この本で紹介する一つひとつを丁寧に実践していけば、結果的に経営者自身も会社も変わり、社員が「この会社で働きたい」と思うようになるのです。

この本によって「人材が定着し成長する企業」が増え、多くの企業とそこで働く社員たちをより幸せにすることが実現できたら、私にとってこれ以上の幸せはありません。

「人材が定着する会社」の社長が実践していること38　目次

［第2章］「人材が定着する会社」の社長が実践していること13
〈セルフマネジメント編〉社長の意識と行動次第で会社は変わる

［第1章］

人材確保が困難を極める中小企業
社員をつなぎ止められない企業が
直面するのは倒産の危機

［図表１］　人手不足倒産件数

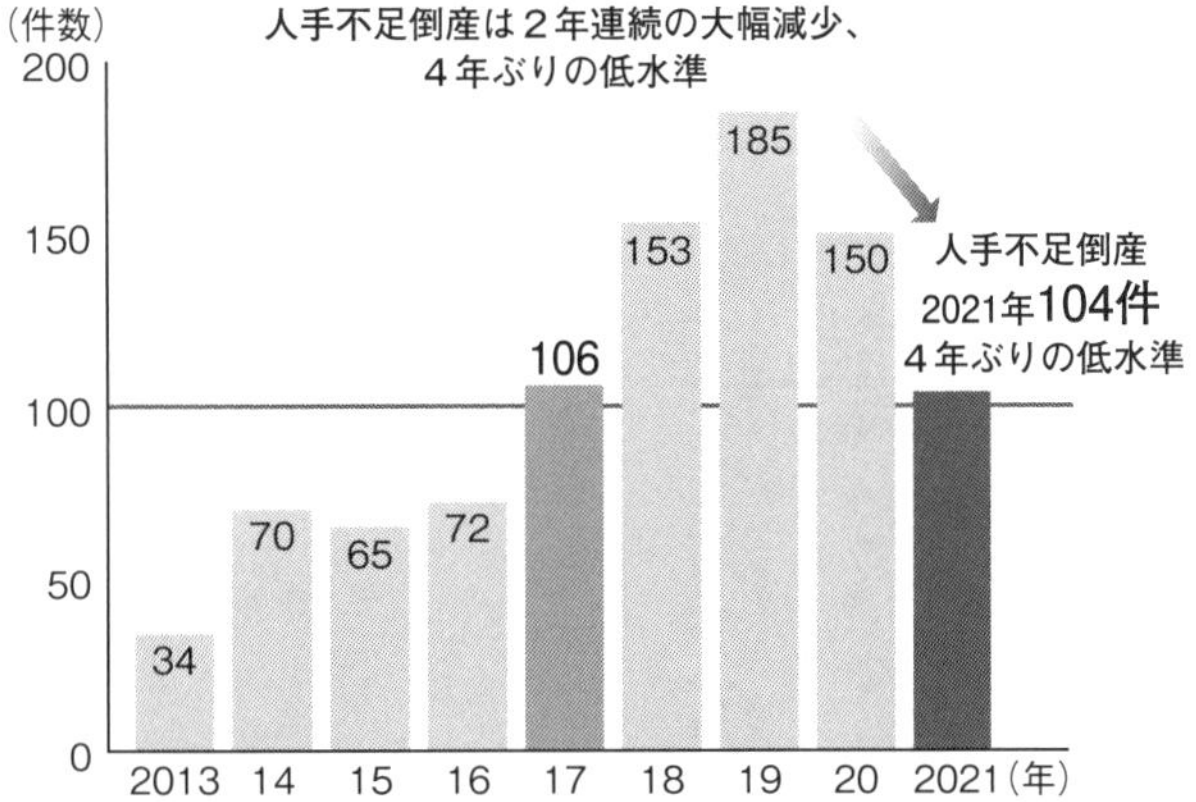

（注）負債額1000万円以上の法的整理が対象　　出典：帝国データバンク

コロナ禍で経営危機に陥る企業が増加

経営状況は決して悪くないのに、労働力が足りず、事業が継続できなくなってしまう「人手不足倒産」――経営者であれば、ほとんどの人は耳にしたことのある言葉だと思います。実は今、多くの企業が人手不足倒産の危機に瀕しています。

大手信用調査会社の帝国データバンクによれば、２０１３年に34件発生していた人手不足倒産は、２０１９年には１８５件にまで増えました。コロナ禍で企業活動が鈍ったことにより、２０２０年、２０２１年の人手不足倒産は減少したのですが、こ

［図表２］　業種別人手不足倒産件数

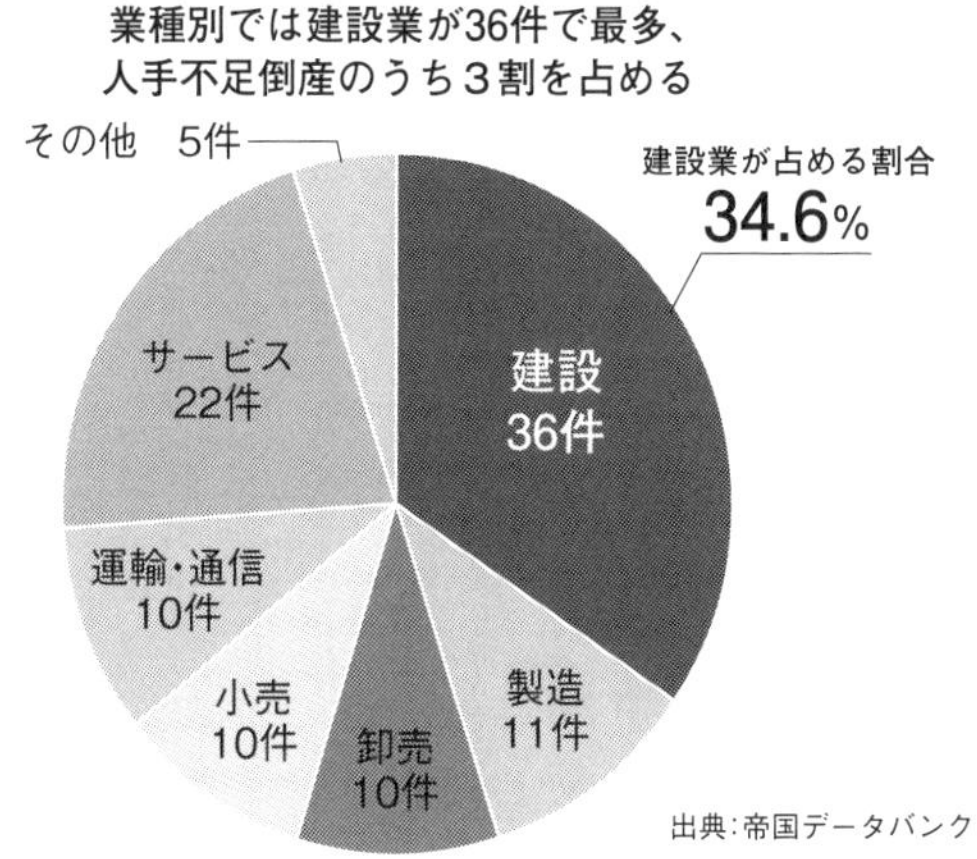

出典：帝国データバンク

れはあくまで一過性の現象に過ぎません。２０２３年以降、人手不足は再び深刻化すると見込まれています。

その理由の一つが、景気の回復です。２０２１年に発生した１０４件の人手不足倒産のうち、最も多くの割合を占めていたのは建設業界です。建設業界は２０１１年以降、東日本大震災の復興需要や災害対策需要、そして東京オリンピック需要などの追い風があって市場の拡大が続いていました。今後も、人材不足の状況は続きそうで、帝国データバンクの調査によれば、２０２１年12月時点で62・９％の建設会社

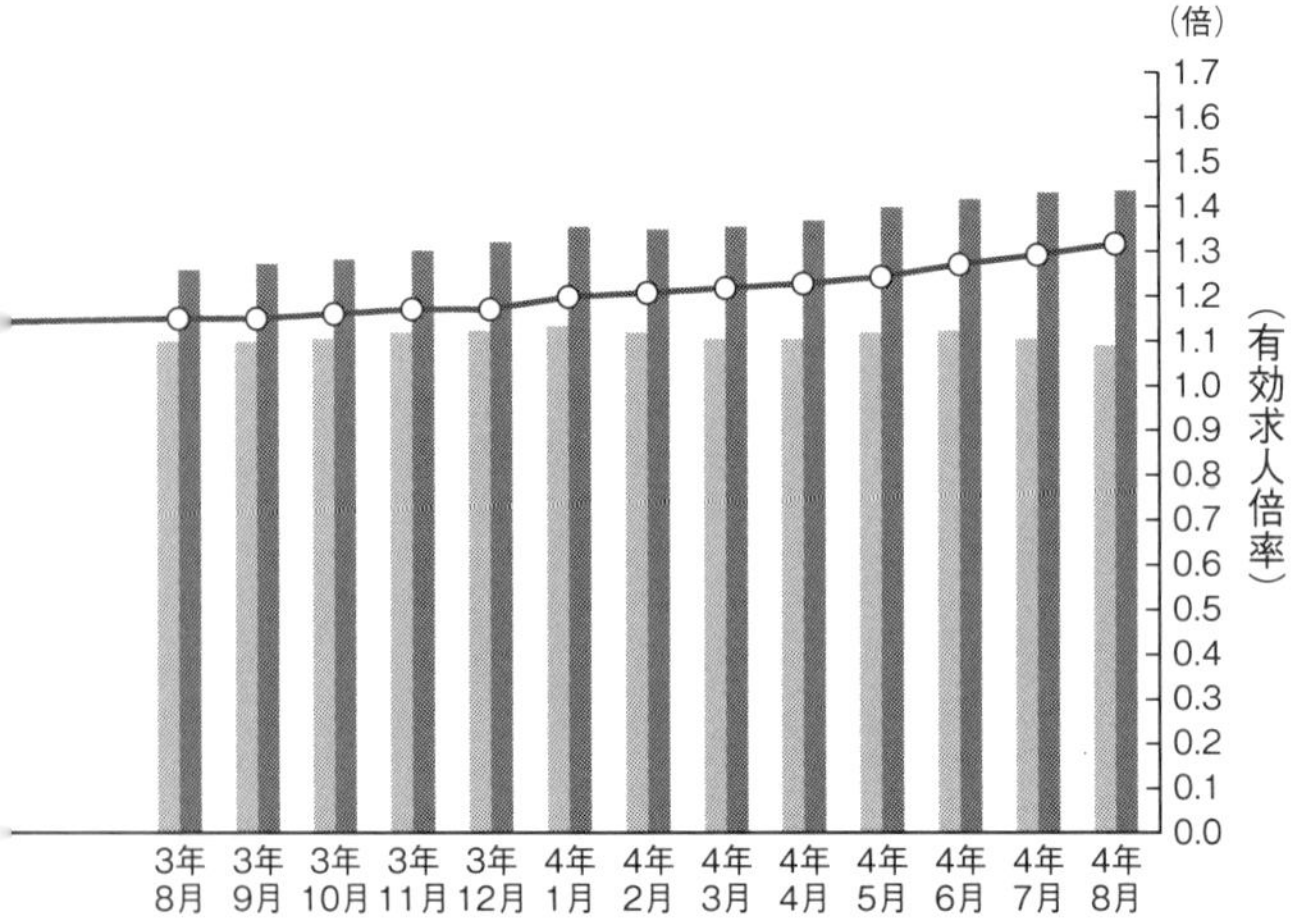

出典：厚生労働省「一般職業紹介状況」

が、人手不足感があると答えています。

サービス、製造業界でも人手不足は深刻です。２０２２年10月、政府は新型コロナウイルスの水際対策を緩和し、外国人観光客数の上限を撤廃しました。これにより、観光客の急増が予測され、旅行業界や飲食業界などでは需要の急回復が期待されています。また製造業界でも、世界的なアフターコロナ需要を受けて国内需要が見直されています。

各業界でアフターコロナの回復需要が高まっているのに対し、人材の供給量は増えていません。その結果、求人倍率は高止まりしています。

[図表3]　求人、求職及び求人倍率の推移

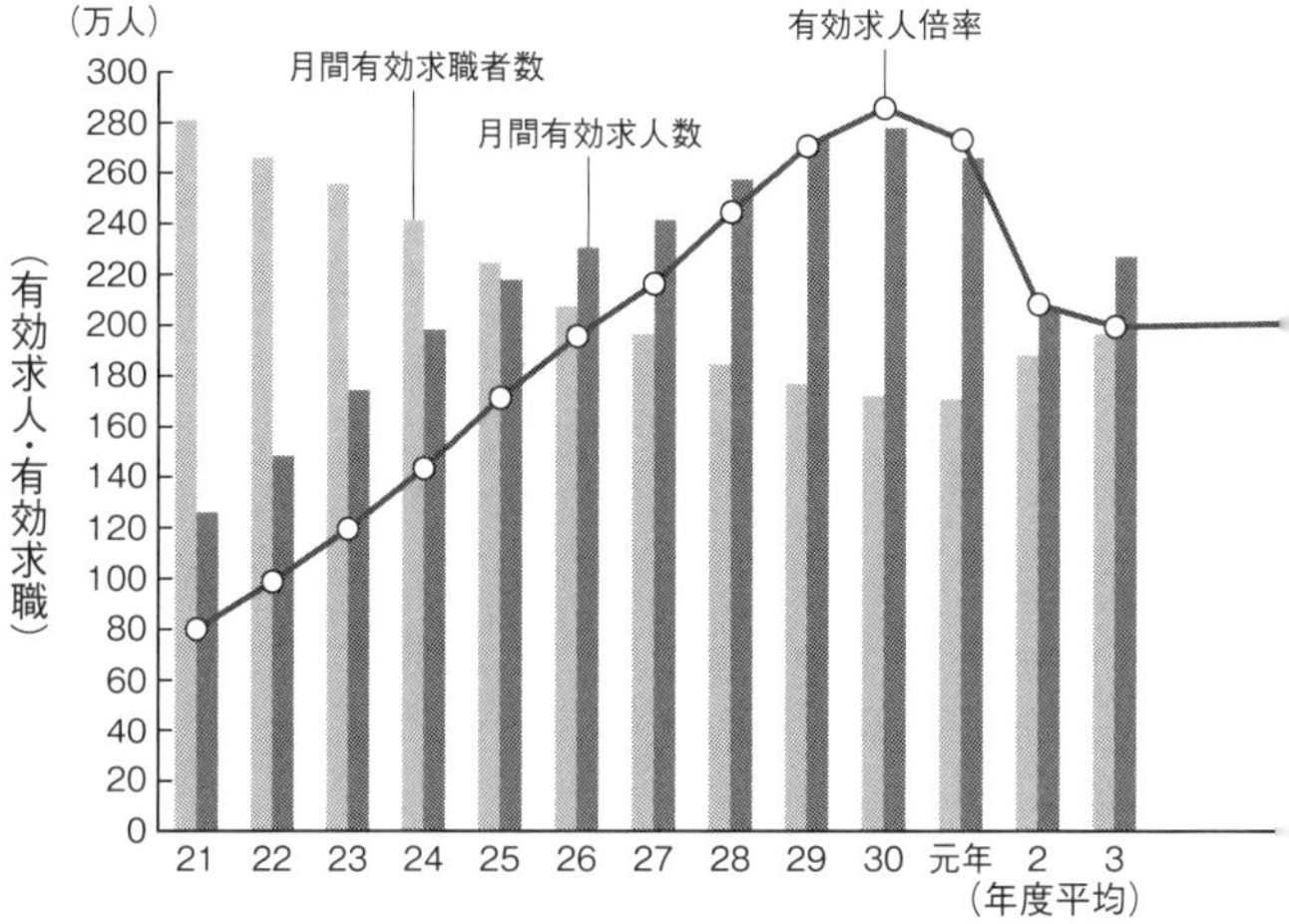

厚生労働省の「一般職業紹介状況」によれば、リーマン・ショック後の2009年度における有効求人倍率（季節調整値）は0・47でした。これは、バブル崩壊後に経済が大きく落ち込んだ1999年（有効求人倍率0・48）を下回り、統計開始以来最悪の水準でした。当時はほとんどの企業が人材の採用を手控えていたため、人余りの傾向が顕著だったのです。

ところが、2012年に第2次安倍内閣が発足し、いわゆるアベノミクスが始まったことで、景気は徐々に回復していきました。その結果、2018年の有

［図表4］　労働力人口・就業者数の推移

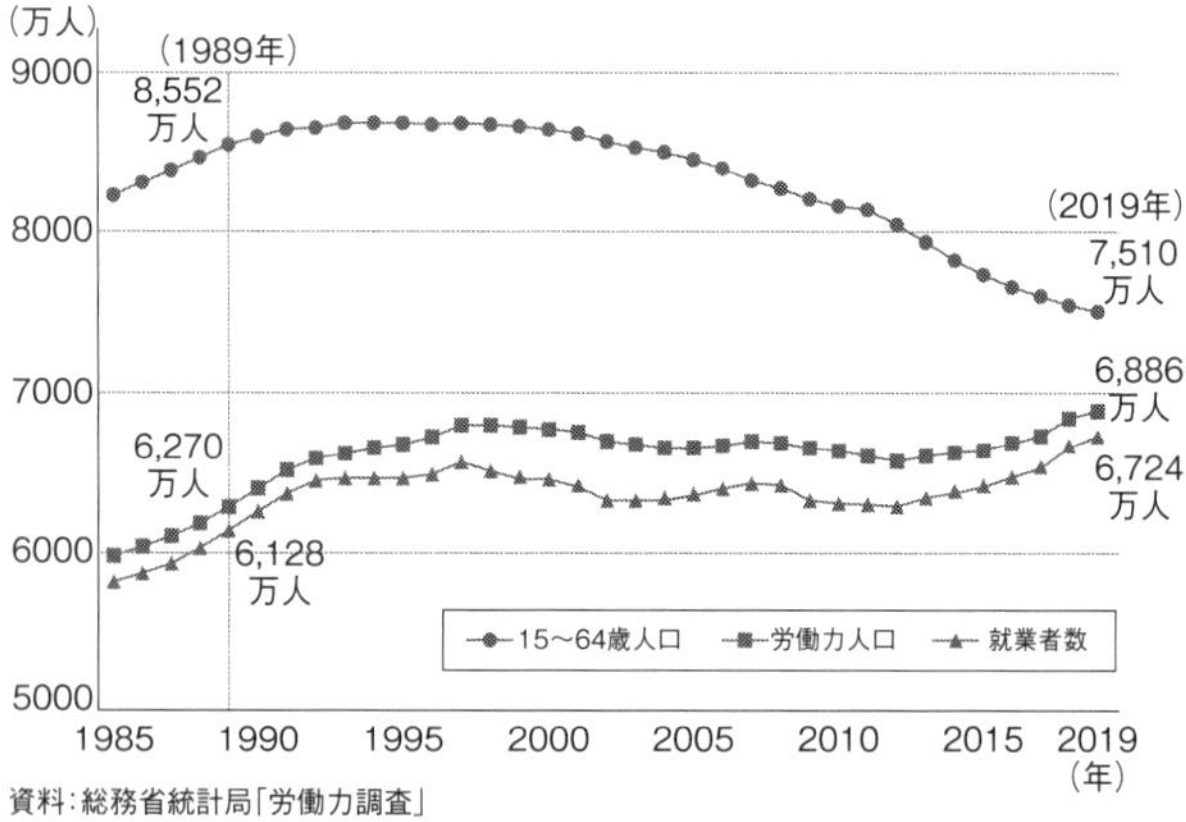

資料：総務省統計局「労働力調査」
（注）2011年は東日本大震災の影響により全国集計結果が存在しないため、補完推計値を用いた。

効求人倍率は1・61にまで上昇し、企業は人手不足に悩まされました。コロナ禍により、2020年の有効求人倍率は1・18、2021年は1・13と多少落ち込みましたが、2022年に入ると再び上昇しています。長期的にみると、今後も有効求人倍率は高まっていくだろうと予測できます。

日本の人手不足は、今後さらに進む

各業界の人手不足が深刻になる理由――それは、少子高齢化により生産年齢人口がどんどん少なくなっているからです。

総務省統計局「労働力調査」によれば、2019年における生産年齢人口（15〜64

［図表５］　労働市場の未来推計2030

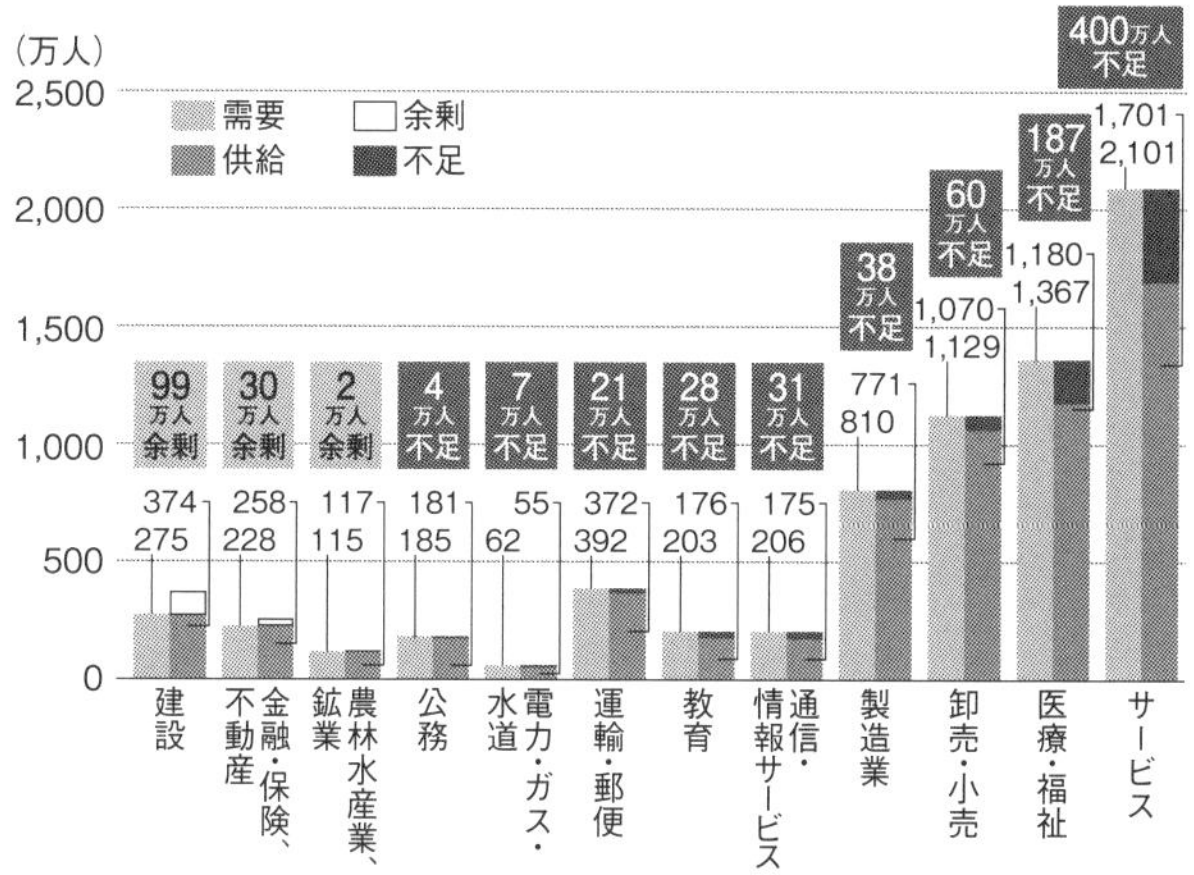

出典：パーソナル研究所、中央大学「労働市場の未来推計2030」

歳の人口）は７５１０万人でした。これは、１９８９年の８５５２万人から１０００万人ほど少ない数字です。一方、15歳以上で実際に仕事に就いている人は、１９８９年の６１２８万人から、２０１９年には６７２４万人へと６００万人近く増えています。背景にあるのは女性や高齢者の就業率向上で、昔なら専業主婦をしていた女性や、引退していたはずの高齢者が労働市場に出てきたことで、日本は何とか、労働力をまかなうことができているのです。

しかし、女性や高齢者の就業者を増やすことにも限界があります。たとえるなら、日本の労働力市場は乾いたタオルのようなものであり、これ以上力を込めても、人材という水を絞り出すことは難しいのです。

人材の需要が高まっているのに供給は先細るというのが日本の労働市場の見通しです。パーソル総合研究所と中央大学が発表した「労働市場の未来推計２０３０」では、２０３０年時点で６４４万人の人手不足を予測しています。内訳を見ると、サービス業が４００万人、医療・福祉業が１８７万人、卸売・小売業が60万人、製造業が38万人の人手不足に陥るというのです。

給与額や休暇を増やすことで人材定着を目指す大企業

深刻になる一方の人材不足に対応するため、さまざまな対策を打ち出す企業もあります。特に目立つのが、待遇改善に関する大企業の取り組みです。

例えば、エンターテインメント企業グループのバンダイナムコグループは、２０２２年、社員の大幅な賃上げを発表して話題を呼んでいます。グループ内でおもちゃやプラモデルなどを手掛けているバンダイでは、それまで22万４０００円だった初任給を29万円にアップしました。また、同じグループ内でゲーム事業が主力のバンダイナムコエンターテインメントは、それまで23万2000円だった初任給を29万円に引き上げました。新卒社員とのバランスをとるため、各社は全社員の月給も引き上げています。こうした動きは、人材争奪戦が激化しているIT業界でも顕著になっており、大学・大学院の新卒エンジニアに対し、年収600~1000万円程度を提示する大企業も現れています。

休暇の日数を増やしたり、トータルの労働時間を減らしたりすることで採用数の増加・人材定着率アップを目指す企業もあります。例えば、ヤフーや日立製作所、パナソニックホールディングスなどの企業は週休3日制を選べる勤務体系を導入しました。これらの企業は、柔軟な働き方を求める社員の期待に応えて人材定着率を高めようとしています。

ただし、こうした方策は中小企業においては現実的ではありません。資金力に限りのある中小企業が給与の大幅アップを実現しようとすれば、人件費が膨れ上がって経営にダメージを与えかねません。また、人的リソースが乏しい中小企業が週休3日制などを取り入れるのも困難です。

中小企業が人材の定着率を高めようとするとき、大企業のまねをしてもうまくいきません。中小企業は、中小企業に向いたやり方を選ばなければならないのです。

賃金アップでは人はつなぎ止められない

いくつかの大企業は給料やボーナスを上げることで、人材定着率を高めようとしています。しかし、賃金アップで人をつなぎ止めることはできないのです。

待遇の良し悪しは、働く側にとって大きなポイントであることは確かです。仕事内容に比べて給料があまりに安過ぎる企業では、人材の流出を防ぐことは難しいですが、雇う側と雇われる側との間には、かなりの温度差があるのも事実です。

中小企業庁が野村総合研究所に委託して行った「平成26年度　中小企業・小規模事業者の人材確保と育成に関する調査に係る委託事業作業報告書」によれば、企業側が「人材定着に有効と認識されている取り組み」のうち、トップになったのが「賃金の向上（基本給・ボーナス）」でした（図表6）。

ところが従業員の側は、企業が考えているほど賃金の向上を重要視していないのです。同調査では、「就業者から見た、人材定着に関する取り組みの有効性」についても聞いて

[図表６]　人材定着に関して有効と認識されている取り組み

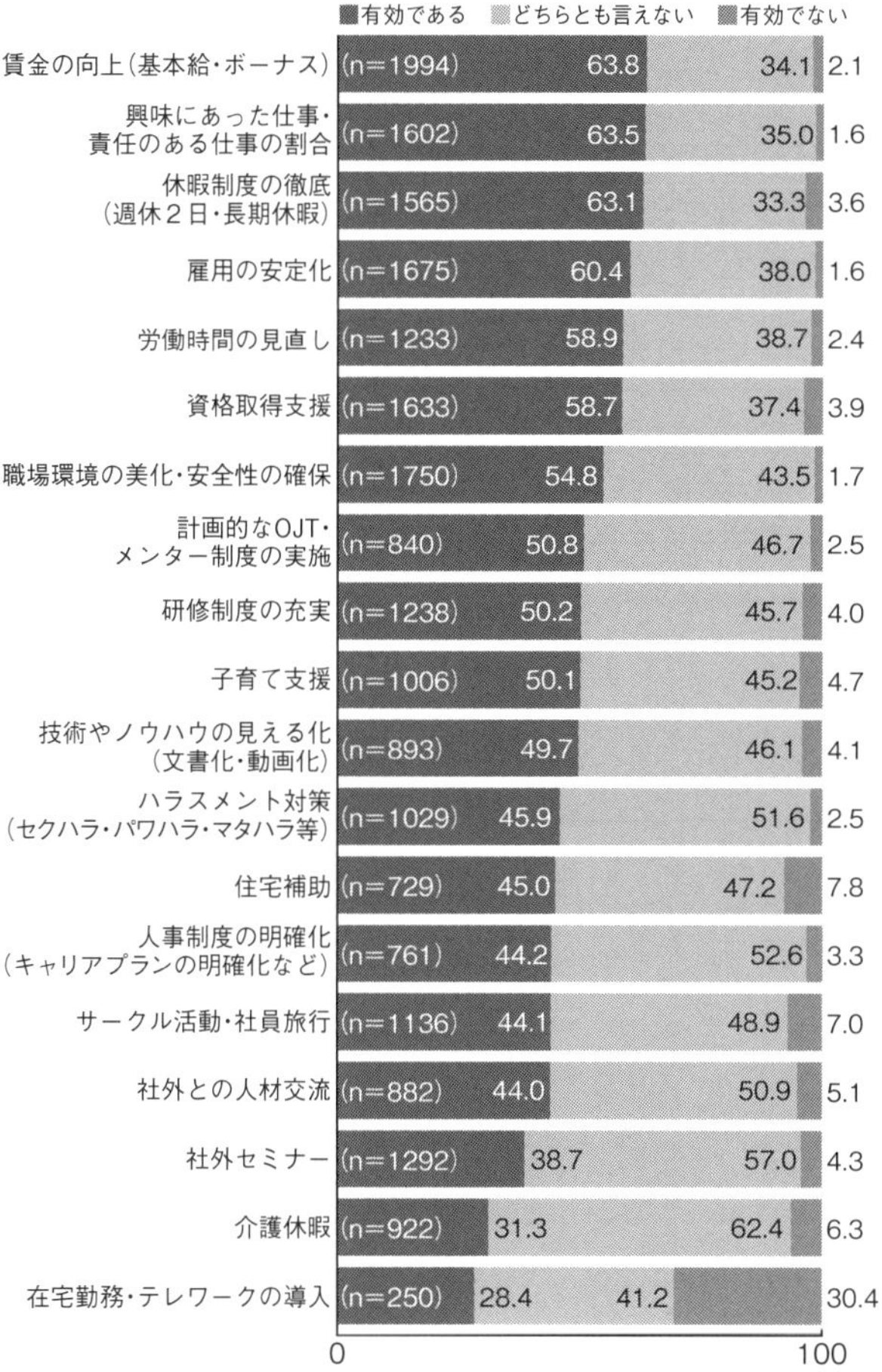

出典：中小企業庁「平成26年度　中小企業・小規模事業者の人材確保と育成に関する調査に係る委託事業作業報告書」

います（図表7）。
これによると、「賃金の向上」が人材定着に有効だと考える人の割合は、第9位です。企業が期待しているほど、賃金アップには人の心をつなぎ止める効果がないことが分かります。

大きな成果を上げた従業員に特別ボーナスを出したり、成果に比例した手当を出したりする考え方もあります。いわゆる成果主義を導入するわけです。しかし、これにはリスクも伴います。例えば、経理や人事といった部門では数字に表れる成果を出しづらく、成果主義にはなじみません。また、営業のように結果が数字に表れる部門でも、安易に成果主義を導入するのはかえって危険です。安定して高い売上が期待できる顧客を任された人は、いつも目標を達成して高い手当が得られる可能性があります。一方、売上を上げるために相当な困難が見込まれる顧客を担当した人は、思いどおりの成果がなかなか出せず苦労します。そして、「楽な顧客」を任された同僚をうらやんだり、「厳しい顧客」を担当す

［図表７］　就業者から見た、人材定着に関する取り組みの有効性

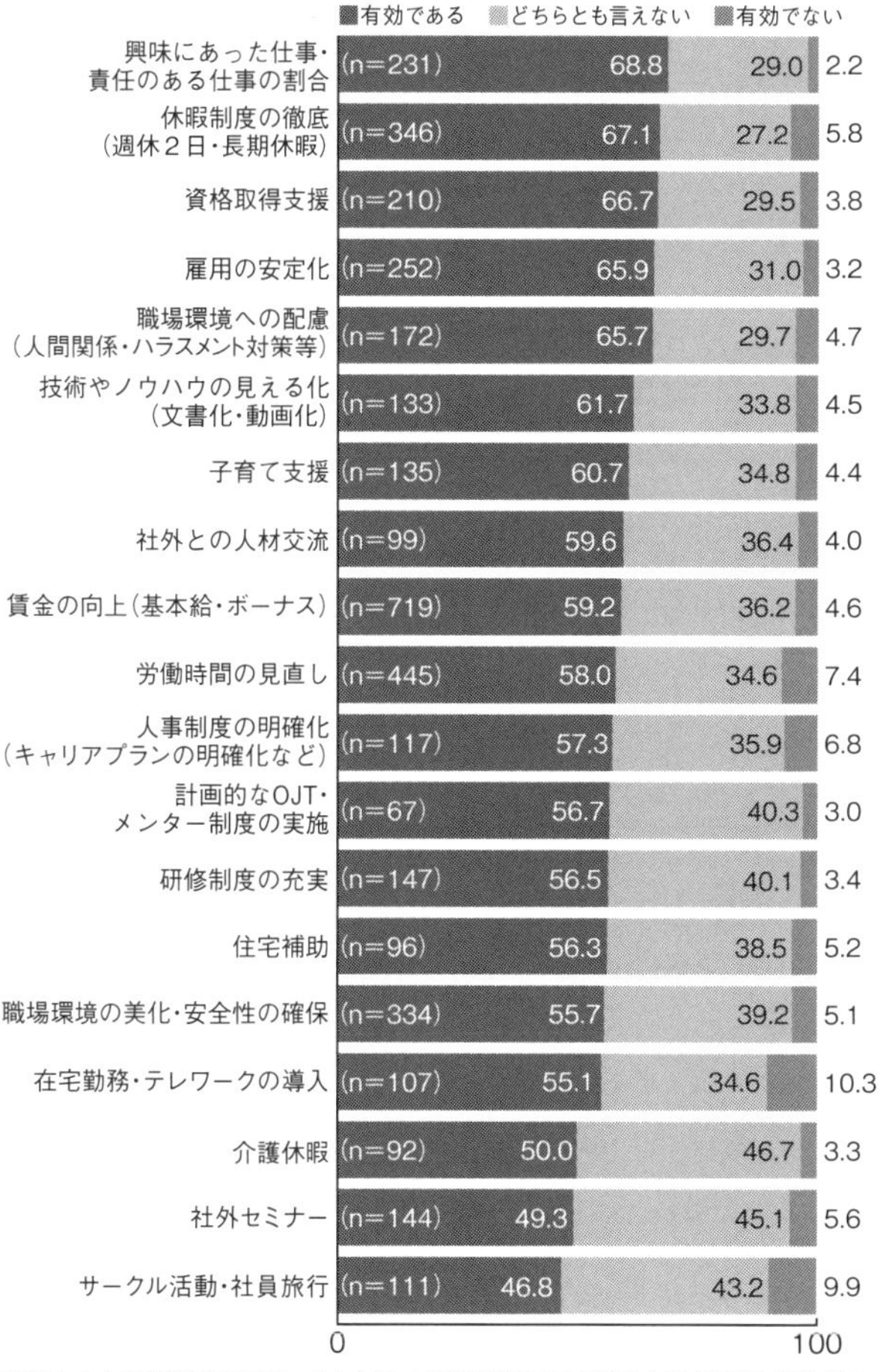

出典：中小企業庁「平成26年度　中小企業・小規模事業者の人材確保と育成に関する調査に係る委託事業作業報告書」

るよう命じた上司に対し、不満を募らせたりするのです。こうした不公平感が強くなれば、従業員のやる気を引き出すどころではありません。

中小企業従業員の退職理由は「人」だった

人材を定着させるために有効な施策は会社の状況によってさまざまに考えられますが、どのような場合でもまず押さえておくべき点が従業員の退職理由です。

人材採用サービス企業のエン・ジャパンが行った調査「退職理由のホンネとタテマエ」によると、会社に伝えた退職理由として最も多かったのは、「結婚、家庭の事情」（23％）、2位は「体調を壊した」（18％）でした（図8）。

しかしこの調査によると、全体の半数近い47％の人が、会社に「本音と異なる退職理由」を伝えていたそうです。家庭の事情や体調不良を理由にすれば、会社としても引き留めにくいし、それほど波風を立てずに退職できるという事情があると考えられます。

そして、働く側の「本当の退職理由」はガラリと異なります。最も多かったのは「人間関係」で25％、続いて「評価・人事制度」、「社風や風土」などがランクインしていまし

［図表8］　退職理由のホンネとタテマエ

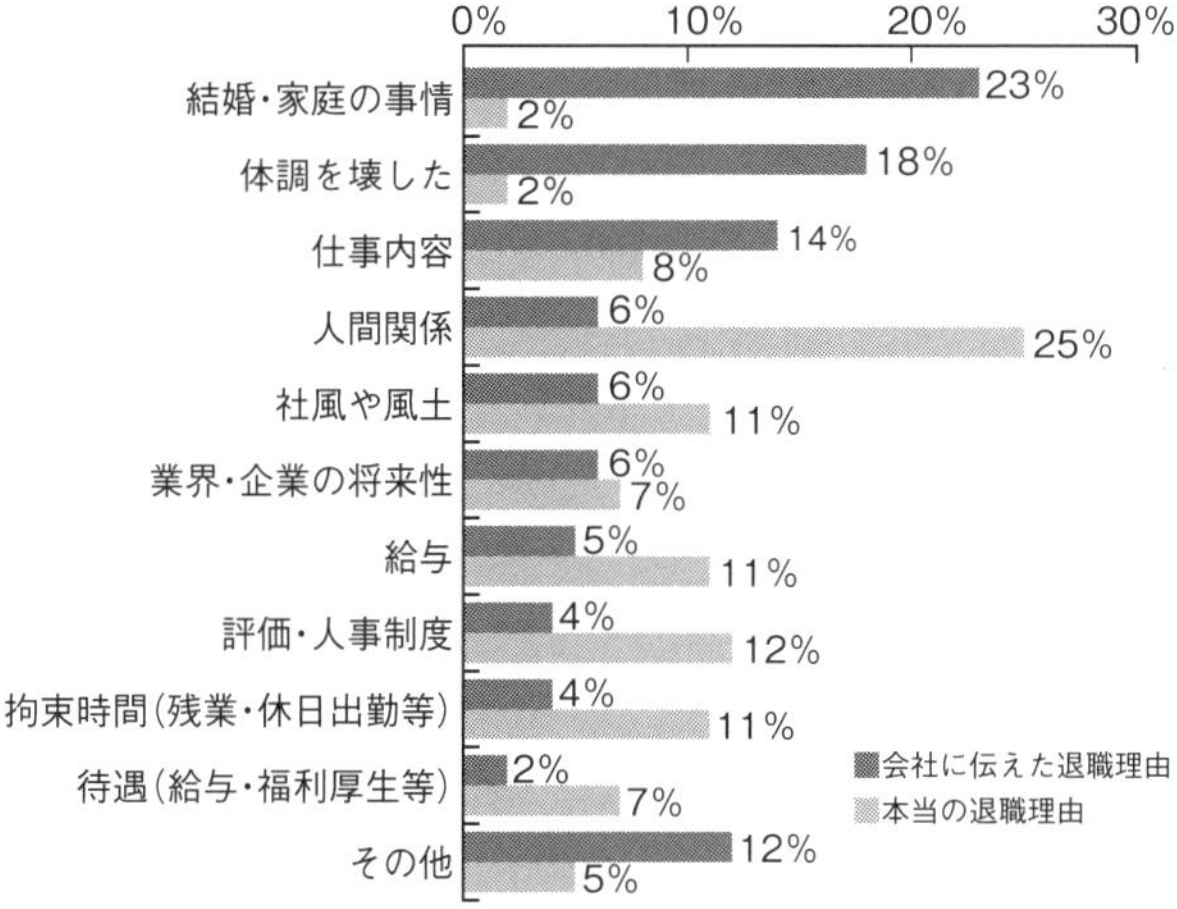

出典：エン・ジャパン

た。これに対し、本当の退職理由として「仕事内容」を挙げた人は8%、「業界・企業の将来性」と「待遇（給与・福利厚生等）」は7%しかいませんでした。

　中小企業の経営者と話をしていると、実力を付けた従業員が大手に転職したがるのは、自分の会社の給料が安いせいだと考えている人が多くいます。しかしさまざまな調査を見ると、待遇や仕事内容に不満をもって退職する人は意外に少ないことが分かります。それに比べ、社内の人間関係に満足できずに退職している人のほうが圧倒的に多いのです。

人材が定着しない原因としては、「人間関係>給与額」という公式が成り立ちます。待遇を改善するより、職場の人間関係を改善して働きやすい環境を整えるほうが、社員のつなぎ止めには大きな効果を発揮するのです。

中小企業は「社員との距離の近さ」を活かすべし

職場の人間関係改善において有利に働くのが、中小企業の「社員数の少なさ」です。

人材管理の世界では、「スパン・オブ・コントロール」という言葉が知られています。日本語では「管理限界」といい、1人の管理職が同時にコントロールできる部下の人数を指します。

この考え方によると、管理者1人がコントロールできる部下は5~8人程度とされます。もし、1人の経営者が5人の中間管理職を管理し、5人の中間管理職がそれぞれ5人ずつの一般社員を管理するとすれば、全社員数は「経営者1人+中間管理職5人+一般社員25人」の合計31人となります。また、1人の経営者が8人の中間管理職を管理し、8人の中間管理職がそれぞれ8人ずつの一般社員を管理するなら、全社員数は「経営者1人＋中間管理職8人＋一般社員64人」の合計73人です。

この「31〜73人」という規模は、中小企業にとって一つの壁になっています。社員数がこれ以上増えると、「経営者→中間管理職→一般社員」という3階層から、「経営者→役員→中間管理職→一般社員」という4階層に増え、経営者が組織全体を見ることが難しくなるのです。

社員数が数十人しかいない企業の場合、経営者の目が全組織に行き渡ります。そのため、経営者が自らの言動や姿勢を改めれば、それが社員に伝わり、組織全体の雰囲気をガラリと変えることが可能になるのです。また、社員の悩みや職場に対する不満などを経営者がつぶさに聞き取ることもしやすいため、中小企業は大企業より圧倒的に職場環境の改善に取り組みやすいのです。

社員数が少ないことを、経営上、不利なことと考える必要はありません。特に、職場の人間関係を改善して人材の定着率を高めたいと考えている経営者にとっては、むしろ大きなメリットなのです。

人材流出が止まらない会社は危機に陥る

中小企業が優秀な人材を採用するのは、なかなか難しいのが現状です。さらに、せっかく採用した従業員が短期間で退職するという負のスパイラルが止まらなければ、企業の将来は非常に危うい状況に追い込まれてしまいます。

●人材流出企業の将来①……従業員1人あたりの採用・育成コストが高止まる

新卒の従業員を1人採用するためには、かなりの費用がかかります。求人サイトの広告費や合同説明会の参加費用、入社案内パンフレットの作成、自社ウェブサイト内の求人コーナーの製作費などを積み重ねると、1人あたり数十万円以上のコストがかかっています。採用に関わる人事担当者などの人件費も馬鹿になりません。

育成コストの負担は、もっと深刻です。よく、「新入社員の採用・育成コストを回収するまで3年はかかる」といわれます。つまり、入社3年目までの若手がどんどん辞めてしまう企業は、採用・育成コストを回収できないまま、次の新入社員を迎え入れなければならないわけです。
仮に入社3年目の若手が退職すると、ムダになる採用・育成コストは、おそらく数百万〜千数百万円に達してしまいます。

●人材流出企業の将来②……「社内人口ピラミッド」にゆがみが生じる

企業は、長期の人材採用計画を立て、新入社員を採用するものです。ところが、若手の退職が相次ぐと「社内人口ピラミッド」にゆがみが生じます。

例えば、若手社員の早期退職が3年間相次いだとします。すると、入社4年目の世代は、いつまで経っても後輩ができません。入社4年目といえば、仕事をある程度覚え、ビジネスパーソンとして飛躍する時期です。ところが社内ではいつまで経っても下っ端で、雑用ばかり押しつけられる危険性があります。当然、モチベーションは下がり、パフォーマンスも落ちてしまいます。

また、後輩を指導することによって指導している本人も成長するのはよくあることですが、その機会も逸してしまいます。人に教えることで自らが担当している仕事の内容や目的を体系的に確認できたり、注意すべきポイントやベストな手順を再確認できたりするのに、後輩がいなければそれができません。リーダーシップやマネジメント力を伸ばすこともできなくなってしまいます。

将来入社してくる人にとっても、先輩世代が3年間にわたって欠けているのは大きな損失です。新入社員にとって、1年上の先輩は重要なメンター（助言者）といえます。自分と同じような悩みをつい最近抱え、それを解決した人々だからです。ところが、世代の近い先輩がいなければ、新入社員は社内で相談相手を見つけることが難しくなると予想されます。

●人材流出企業の将来③……社内の活力が失われてしまう

同じメンバーだけで仕事をしていると、組織はどうしてもマンネリ化します。新しいアイデアは出にくくなりますし、刺激もなくなって社内の活力は減退してしまいます。

会社というのは飛行機のようなものです。エンジンを止めてしまうと、重力に引きずられて水平飛行すらできなくなります。常に燃料を補給してエンジンを回すことで、ようやく飛び続けることができるのです。

企業にとって、新入社員は「新しい燃料」です。新しい人材を採用することで、組織は活性化されます。逆にいえば、若手が存在しない企業には新たな風が吹き込まれず、停滞してしまうのです。

これからの企業は労働者と二人三脚で健全に成長すべし

企業の経営状況が苦しくなるなかで、従業員にしわ寄せがくるケースも目立っています。

厚生労働省によれば、2021年12月時点で約12・2万人が、新型コロナウイルスにより解雇・雇い止めになりました。内訳は、製造業が約2・8万人、小売業が約1・7万人、宿泊業と飲食業がそれぞれ1・4万人などとなっています。このなかには、企業から十分な説明がないままで退職同意書に無理やり署名させられるなど、不当解雇にあたる事例も少なからず含まれているようです。

日本では、社員を簡単に解雇することはできません。企業が事業を存続させるために人員を減らす「整理解雇」を行う場合、過去の労働判例から確立された4要件を満たさなければならないことになっています。

【整理解雇の４要件】

①人員整理の必要性があること
②解雇を回避するために企業が努力を尽くしたこと
③解雇する社員の人選が合理的であること
④社員に対してきちんと説明・手続きを行ったこと

法による規定が存在するわけではありませんが、裁判の際にこの要件に反していると判断されると、雇用側は解雇権を濫用しており不当解雇にあたるとされてきました。

また、企業がコロナ禍を理由に、従業員の給与を減額することもあります。しかし、労働契約を変更するには、企業と労働者との合意が不可欠です。労働者との合意がないまま給与額を引き下げるのは違法となります。

このように、新型コロナウイルスを理由に従業員を使い捨てするような企業は、いわゆる「ブラック企業」である可能性が高いといえます。そうした企業はおそらく、労働者などいくらでも替えが利くものだという意識をもっており、働くのがイヤなら勝手に出て行けばいいなどと考えているのです。

しかし、労働者から不当に搾取したり、過重な労働を強いたりするような企業に、継続的な成長など望めません。なぜなら、企業の経営資源である「人」「モノ」「金」「情報」のなかで、最も大切なのは「人」だからです。人材こそが、企業が勝ち残るために何より欠かせない要素なのです。

数十年前の日本では、労働組合と企業が激しく対立するのが常でした。労組の力が弱まった今でも、個別労働紛争という形で、労働者と企業が争う機会は珍しくありません。しかしこれからの企業は、労働者側と二人三脚で、健全に成長することを目指す必要があるのです。

企業にとって競争力の源は「人」

企業にとって最も大切な経営資源は「人」です。特に中小企業の場合、「人」の重要度は

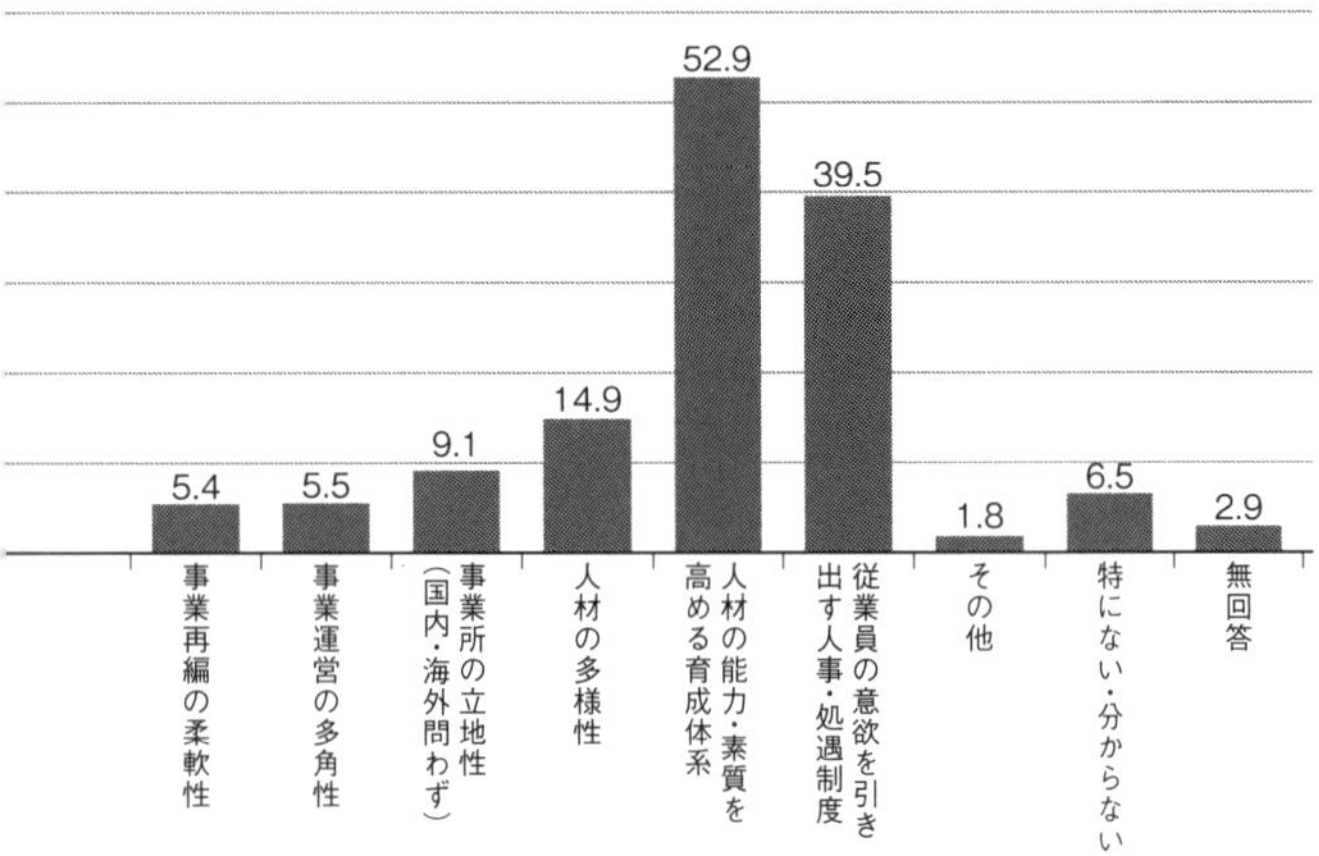

出典：独立行政法人労働政策研究・研修機構「構造変化の中での企業経営と人材のあり方に関する調査」

極めて高いといえます。従業員が1万人もいる大企業なら、1人や2人がサボったり辞めたりしても影響は少ないかもしれませんが、従業員数が数人～十数人という規模であれば、たった1人の動向が全社の業績を大きく左右するのです。

独立行政法人労働政策研究・研修機構が約2万社を対象に行った「構造変化の中での企業経営と人材のあり方に関する調査」では、「自社の競争力をさらに高めるために強化すべきものは何か？」という質問をしています（図表9）。これに対し、最も多かったのは「人材の能力・資質を高める育成体系」

［図表９］　自社の競争力をさらに高めるために強化すべきもの

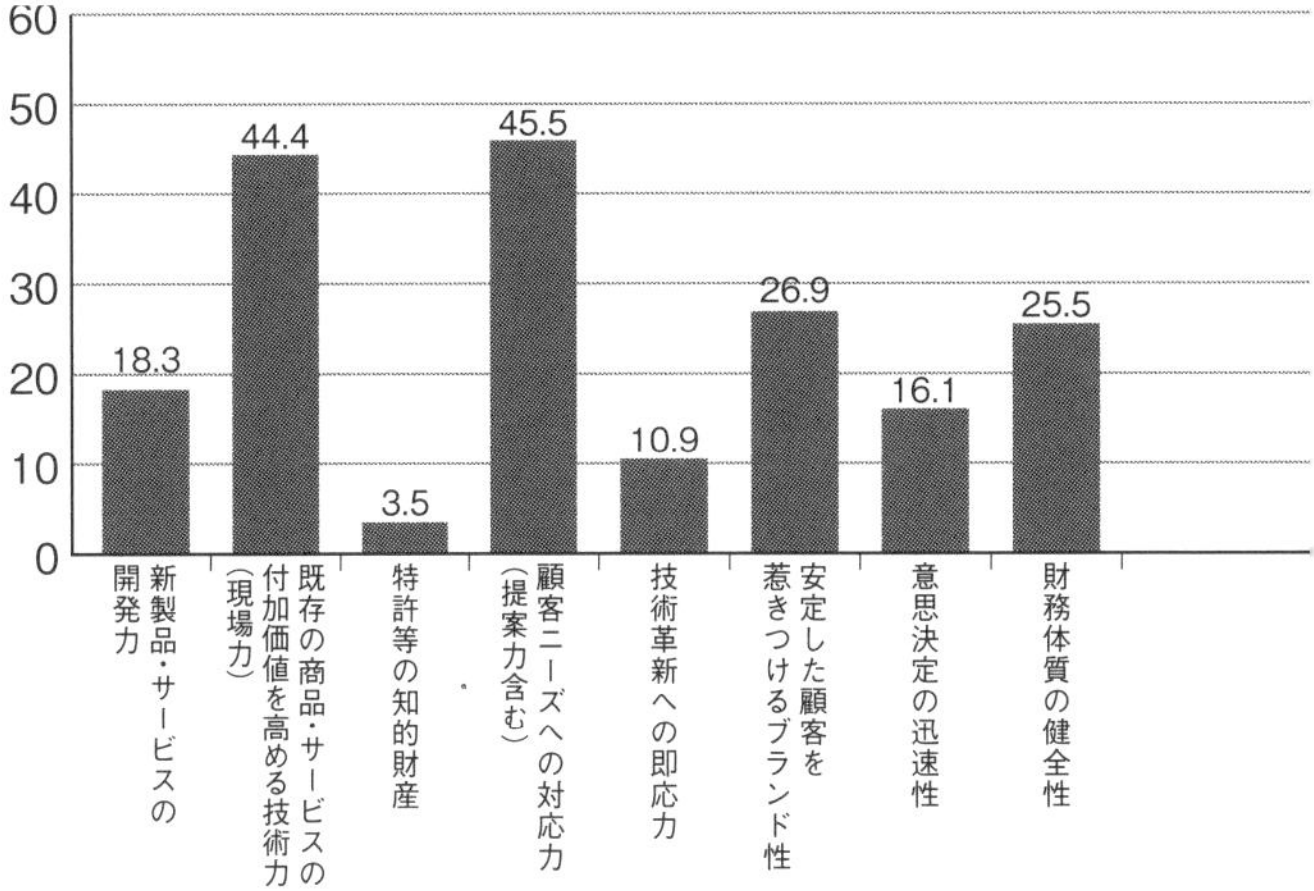

という答えでした。その割合は、なんと52・９％、半数以上の企業は、人を育てて能力を高めることが、競争力強化に役立つと考えています。

また、２位にランクインしたのは「顧客ニーズへの対応力（提案力含む）」（45・５％）、３位は「従業員の意欲を引き出す人事・処遇制度」（39・５％）でした。いずれも、人に関係する項目です。一方、技術力やサービス開発力、財務体質の健全性、ブランド力などの項目は、人に関わる項目より下位だったのです。

「じんざい」には4つのタイプがある

企業内の「じんざい」は、実績と将来性という軸を使って4タイプに分類できます。

●タイプ1「人財」……すでに高い実績を挙げており、将来性も十分に期待できる。企業の幹部候補として育成すべきじんざい。

●タイプ2「人材」……目覚ましい実績を挙げているとまではいえないが、将来、その可能性を秘めているじんざい。「人財」になる可能性があるが、育成を誤ると「人在」「人罪」となる危険性もあり、この層を「人財」に育てていくことが企業にとって大きな課題である。

●タイプ3「人在」……現在の実績はあるが、今後の伸びが期待できないじんざい。社内に存在しているだけになってしまっている。

●タイプ4「人罪」……実績も将来性もないじんざい。業績に貢献できないどころか、周囲に悪い影響を及ぼしている。

若手は基本的に、「人材」のカテゴリーから仕事人生をスタートします。誰もが順調に成長し、「人財」になる可能性を秘めています。そして、本人も企業の側も、それを望んでいます。そうなれば、企業の展望は大きく開けると考えられます。

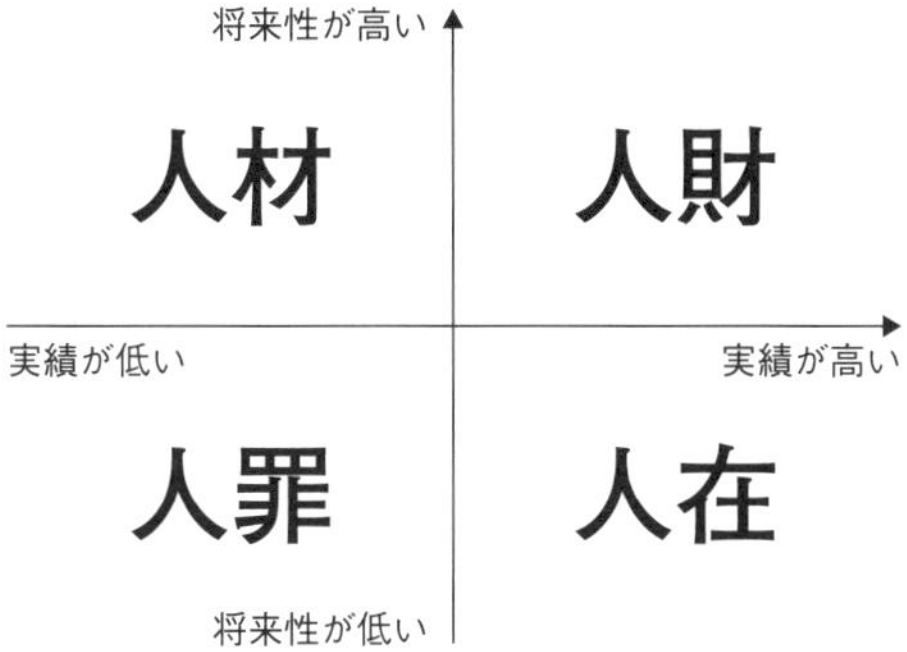

出典：「自分ハック。」

逆に、一生懸命に育てた「人財」が退職してしまったら、教育のためにかけた長い時間と膨大なコストが無に帰してしまいますし、何より企業の成長戦略にとって中核となる貴重な人材が失われてしまうのは惜しいことです。

また、若手がうまく育たず「人在」や「人罪」になるケースも多々あります。一方で、「人在」や「人罪」は、自分がほかの会社に行っても通用しないことにうすうす気づいているため、現在の職場にしがみつこうとする傾向が強いものです。そして、彼らのやる気のない態度は周囲にも伝染し、その部署、さらには会社全体をよどんだ空気にします。「人在」や「人罪」にとって居心地のいい組織にしてしまっては、企業は絶対に成長しません。

そこで企業としては、「人罪」のやる気や能力を高めて戦力化を図らなければなりません。それでも「人罪」から脱却できない人は、会社から去ってもらうことになります。一方、功を奏して「人財」に育った人には、なんとかして社内にとどまってもらう必要があるのです。

「人材」を「人財」に育て、長く活躍してもらうこと――それが企業のとるべき基本戦略です。

［第２章］

「人材が定着する会社」の社長が実践していること13

〈セルフマネジメント編〉

社長の意識と行動次第で会社は変わる

私は社会保険労務士として、多くの企業に足を運びます。その経験上、業績が良く人の定着率が高い企業には、共通の傾向があると断言できます。例えば会社の雰囲気が明るく、従業員が活発にコミュニケーションしています。それでいて適度な緊張感があって社員がてきぱき行動していたり、社長室や受付が整理整頓され、社内に清潔感があったりする点でも共通しています。

一方、人がなかなか定着せず業績が落ち込んでいる企業は、社内の雰囲気が暗く従業員が無表情で、コミュニケーションが明らかに不足しているために行動にムダが生じているなどの共通点が見受けられます。

職場を良い雰囲気にするためのカギは、大きく分けて2つあります。

1つ目は「リーダー」です。

経営者や管理職は、その部下に対して大きな影響力を発揮します。もし、リーダーが魅力的な人物であれば、部下たちからの敬愛を集め、「あのリーダーの力になりたい」という目標をもつことで、仕事へのモチベーションを高めることができます。さらに、リーダーが部下たちに適切なケアを行うことで、部下の悩みを解消し、成長への手助けを行うことも期待できるのです。

2つ目のカギは「組織作り」です。

法律やルールをきちんと守る、努力した従業員に報いメンバーが互いに助け合えるような仕組みを提供する、給与体系や人事評価制度を整備しメンバーのモチベーションを高めるなど、社内環境を整えることが成長企業の土台となります。

今は大学新卒者の3割が、3年以内に離職する時代です。そして規模が小さい企業ほど、新卒者の3年離職率は高まります。中小企業の場合、「新卒で入社した大卒者の半分以上、高卒者なら3分の2が3年以内に辞めている」という惨憺《さんたん》たる状況です。

いうまでもなく企業にとって人材は最大の経営資源であり、特に中小企業では、一人ひとりの従業員の働きぶりが業績を大きく左右します。それにもかかわらず、将来性豊かな人材はどんどん中小企業から流出しているのです。こうした流れを食い止められるかどうかが、会社の未来を大きく変えるといっても過言ではありません。

経営者や人事担当者のなかには、中小企業で人材が流出してしまうのは仕方ないと諦めている人もいて、その気持ちが分からない訳ではありません。中小企業は大手に比べ、人材を採用する時点から不利な立場におかれていますし、手間ひまかけて育てた人材も、実力を付けたとたんに大手に転職してしまうという話も、よく耳にします。

それでは、中小企業の「人材流出スパイラル」は食い止めようがないかというと、答えは断じてノーです。私の顧問先には、さまざまな取り組みを通じて優秀な人材を育て上げ、長く働き続けてもらうことに成功している企業がたくさんあります。離職率を下げ、組織の基礎体力をじっくりと高めることは十分に可能です。

ただし、その手段は簡単ではありません。例えば、給料アップで人材をつなぎ止めようとしても、なかなかうまくいかないのです。優秀な人材だけに給与をはずめば、それ以外の従業員はやる気を失って全社的な業績は落ち込んでしまいます。一方、全従業員の給与を上げようとすれば、人件費はかさんで経営は傾きます。小手先の待遇改善では、問題は解決できないのです。

苦しくても絶対にルール違反をしない

従業員にとって、給与や労働時間などの待遇にも劣らず大切なのが、自分の働く会社への尊敬と信頼です。必要とされるスキルが同じであればどこの同業他社へ行っても変わらないと思うのか、この会社で働けることを誇りに思い、できるだけ離れたくないと感じるのかは大きな違いです。経営者はことさらに自社のすばらしさを誇示する必要はありませんが、自社への敬意を自ら貶めるようなことは絶対にすべきではありません。良い評判よりも悪評のほうが人の心に残るのです。

非常に残念なことですが、企業経営者やリーダー層のなかには、利益のためには違法・脱法行為も辞さないという人がいます。しかし、こうした考え方は、長期的に見れば企業をダメにします。

よくあるのが、新入社員の社会保険料を節約しようとするケースです。本来なら、新入社員は入社後すぐ、社会保険に加入させなければなりません。しかし企業のなかには、加入を数カ月遅らせることで、その分の社会保険料支払いを免れようとするところがあります。

もし、その期間に従業員が亡くなった場合、遺族が本来得られるはずの遺族厚生年金が支給されない可能性があります。そうなると、遺族側は企業に対して損害賠償請求を行うことが考えられます。また、従業員が退職後、社会保険料の未払いによって年金請求ができなくなるだけでなく年金支給額に影響を及ぼすケースもあり、その際にも損害賠償請求の対象となる危険性があります。

社会保険の未加入には、ほかにもたくさんのデメリットがあります。建設業界では、保険未加入企業の入札参加を禁止していますし、免許更新も許していません。また、あまりに悪質な企業の場合、多額の追徴金を請求されることもあるのです。

社会保険への加入をわざと遅らせる企業のなかには、それが従業員のためでもあるという言い訳を用いるところがあります。社会保険料は原則、労使折半が基本です。つまり、社会保険に加入しなければ従業員にとって保険料の天引きがなくなるため、給料の手取額が増えるというのです。しかし、これは詭弁《きべん》に過ぎません。保険の未加入期間にトラブルが起これば、従業員も企業も大きなツケを支払わされることになります。

従業員のことを思えば、社会保険の加入を遅らせるような行為は絶対にしてはいけません。社会保険料の未払いから得られるお金と、未加入によって被る危険とを天秤にかければ、後者のほうが圧倒的に大きいからです。従業員の信頼を失いかねない行為はせず、信頼を得ることが何より重要です。

目先の小さな利益にこだわり、ルールを破るようなことは絶対にやめておくべきです。それは従業員のためでもありますし、最終的には、企業全体のためにもなるからです。

従業員側も、こうした企業に対して不信感を抱くものです。黙っていても、社員は気づいています。高いモチベーションをもって入社してきた人の気持ちを、こういった形で萎えさせてしまうのは実にもったいないことです。逆に、ルールをきちんと守ろうとする企業の姿勢も社員には必ず伝わります。だから、どんなに苦しくてもルール違反をせず、信頼関係の構築に尽力すべきなのです。

経営者としての魅力を追求し、人間性を磨く

採用した人材を「人財」に育て上げなければ、企業に未来はありません。そのためには、従業員がやる気を出し、互いに助け合えるような環境を用意することが大切です。

給料などの待遇を良くするだけでは、離職率を低くすることはできません。仕事の価値は待遇だけでは決まらないからです。逆に、多少給料が安かったり労働時間が長かったりしても、やりがいを感じられ、自分が成長できているという実感が得られれば人はその職

場に残ります。

とりわけ強調したいのが人間関係です。従業員にとって「この人と働くのが楽しい」「この人のために役立ちたい」と思えるような人が周りにいる職場なら、決して離れたりしません。裏をかえせばリーダーを務める立場の人が強い魅力をもてるようになれば、周囲には自ずと人材が集まってくるということです。「仏作って魂入れず」という言葉がありますが、良い仕組みや環境を整えるだけではなく、その組織を引っ張るリーダーが魅力的な存在になって、初めて組織は活性化するのです。

世の中にはブラック企業と呼ばれる会社があります。しかし、この言葉をきちんと分析してみると、意外と解釈が難しいことに気づきます。

ブラック企業の定義としてよく挙げられているのは、長時間労働です。朝から晩まで、長時間労働を強いられる職場はブラックだというのです。しかし、私はこの定義は正確ではないと考えています。

私たちは時に、時間を忘れて趣味に没頭することがあります。例えば絵を描くのが趣味の人なら、一日中キャンバスに向かっていても決して苦にならなかったり、学生時代に学園祭の準備のため眠る暇もなく作業をしてもさほど疲れも感じなかったりといった経験が誰しもあったと思います。

仕事も同様です。楽しく打ち込める仕事、自らの成長を感じられる仕事、魅力的で信頼できる人と一緒に働ける仕事であれば、ブラックな職場と感じることはありません。逆に、どんなに頑張ってもむなしさばかり感じる仕事、成長を実感できない仕事、尊敬できない人ばかりと共働する仕事に就いている人は、たとえ給料が高く、定時に帰ることができる職場であっても強烈なストレスを感じてしまいます。

もし、リーダーがカリスマ性を備えて周囲からの信頼を勝ち取ることができれば、その魅力で部下たちを引っ張ることができます。人を育てる勘所を身につけることができれば、部下たちの成長を力強く支援できるはずです。

優れた経営者やリーダーのなかには、若い頃から人間的な魅力に溢れた人がいることも事実です。一方、努力を積み重ねて人間性を磨き、人を惹きつけるすべを身につけた努力型の人もたくさんいます。このように魅力的なリーダーが増えることで、組織は活性化し、離職率を下げることにつながるのです。

適材適所を実現するため、常にアンテナを張る

人材の定着を図るうえでは、従業員が働きがいを感じられる環境をつくることは重要です。見返りではなく、働くことそのものに喜びを感じられる人は、その場所を離れようとは考えません。従業員の働きがいを創出するためにはさまざまな方法が考えられますが、一つ大きなポイントになるのが適材適所の視点です。もちろん、単に生産性向上のために資質のある者を適切な業務に配置することは誰もが行いますが、さらに踏み込んで、個人の性質や志向、あるいは人間関係などを幅広くとらえ、能力プラスアルファの部分も考慮する必要があります。そのためには、従業員一人ひとりの個性に注意を払い、仕事への姿勢や何に喜びを感じるのかといったことにもアンテナを張っておかなければいけません。

職場をサッカーチームに例えて考えてみます。11人の選手を機械的に並べ、ピッチに送り出しても、勝利は期待できません。まずは、Aさんはシュートが上手だからフォワードに、Bさんは背が高くて手が長いからゴールキーパーが適役というように、選手全員の能力を見極め、それぞれにあったポジションにつかせることになります。

ただし、チームスポーツであるサッカーではさらに、選手同士の連携を高めることが大切になります。プレイの相性の良い人同士を近いポジションにおけば、思わぬ相乗効果を発揮してチーム力を一気に高めることができるのです。そして、その過程で彼らが関係性を深めれば、このチームで戦うことに一体感をもつようになり、同じ一勝をより価値あるものとして感じることにもなります。

職場でも同じことがいえます。部下たちに漫然と仕事を振り分けるのでは、リーダーの仕事とはいえません。メンバーそれぞれに、実力を発揮し、熱中できるような仕事を与えることや、メンバーの組み合わせを工夫するのも大切です。例えば自分の会社に、行動力豊かだがどこか抜けたところのあるAさんと、バイタリティには欠けるが気配り上手なBさんという2人の部下がいるとします。Aさんには、大きなうっかりミスをしてしまう危険性があります。一方のBさんは、営業活動が消極的になってしまって成績が伸びない可能性があります。しかし、Aさんが対外交渉を担当してBさんがフォローに回る仕組みをつくれば、Aさんの行動力とBさんの気配り力が噛み合い、好成績を残せるのではないかと思います。

このようにしてチーム力を高めるためには、各メンバーの得意・不得意、やりたいことや熱中できること、ほかのメンバーとの相性などを把握しなければなりません。

上司は常にアンテナを張って、部下の特性を見極める努力をすることが必要です。

苦しいときこそ部下をかばう

経営者であれば、苦しい場面に遭遇することは珍しくありません。経営者も人間ですから、余裕を失えば言動にもそれが表れますし、ともすれば自分と会社のことで頭がいっぱいになって、従業員一人ひとりのことを考えられなくなることもあり得ます。しかし、そんなときこそ部下の心が離れてしまうか、反対に惹きつけられるかの重大な瀬戸際です。苦しいときにどのような姿勢、態度を示すかによって、社員の会社に対する姿勢も大きく変わってきます。ピンチをそのまま大ピンチに発展させてしまうか、逆にチャンスへと転換できるかは、部下に対する姿勢にかかっているのです。

カリスマ経営者と呼ばれる人々は、伝説的なエピソードをもっている場合が少なくありません。よく知られるエピソードですが、松下幸之助は昭和初期の金融恐慌のとき、ほかの会社がどんどんリストラを行うなか、1人も解雇せず給料も下げないと宣言しました。そのことが社員たちを感激させ、結果として松下電器は大きく売上を伸ばすことができたといいます。

松下幸之助のように、苦しいときに部下を守る気概のあるリーダーは、部下から尊敬されます。逆に、ピンチのときにたやすく動揺したり、部下を切り捨てたりするような人からは、人がどんどん離れていきます。

2015年に行われたラグビーワールドカップのイングランド大会では、日本代表が大いに活躍して日本中にラグビーブームを巻き起こしました。日本代表は優勝候補といわれた南アフリカ共和国を破るなど予想以上の快進撃を見せ、普段ラグビーに関心のなかった人たちの多くが話題にしたり、選手を応援したり、グッズを購入したりと大いに盛り上がりを見せたのです。

この大会では、日本代表の「フェアプレー」が高く評価されました。格上の相手と戦うときは、どうしても精神的に追い込まれます。そして焦りが生まれて、つい反則やラフプレーを犯してしまいがちですが、日本代表は苦しいときでもフェアプレー精神を忘れませんでした。それによって世界の尊敬を勝ち得たのです。

経営者にも同じことがいえます。企業の経営が苦しくなったときは、つい、利益至上主義に走ってしまいがちです。ところが、目先の利益を求めるあまり、簡単に人を切り捨てたり、汚いやり方に手を染めたりしたら部下たちの信頼はすべて失われます。

苦しい状況で、もう投げ出したいと心の底から思った瞬間こそ、優れたリーダーは心のアクセルを踏むのです。ピンチをチャンスに変えることができれば、社長のブランド力を高めることができます。

また、部下がつらい状況に追い込まれているとき、身を挺してかばう姿勢を見せることも大切です。これは私がサラリーマンだった頃の話ですが、致命的なミスを起こしてしまったときに、5年先輩の係長に助けてもらった思い出があります。日頃厳しい係長が、自分も新入社員のときには同じミスをしたことがあると言って励ましてくれました。私はこの係長の背中を見て、この人のようなかっこいい上司に早くなりたい、この人のためなら汗をかけると思ったものです。

普段は厳しくても、土壇場で手を差し伸べてくれる人は魅力的です。そして、修羅場を数多くくぐり抜けた経験をもつ人は、本当の優しさを身につけているものです。

今は、そうしたリーダーが少なくなってきています。それだけに、このような資質をもったリーダーになれば、部下は自然とついてきてくれるはずです。

社長室に閉じこもらず現場に出る

自分の働きを見られていたり、認められたりすればそれだけやりがいを感じます。反対に、毎日こつこつと同じ作業を繰り返しても誰にも顧みられないと感じている人は、寂しさや虚無感から不満を募らせるようになり、仕事への愛着を失っていきます。たとえ否定や叱責といったマイナスの評価を受けることがなくても、放置されている状態は人の心を遠ざけるのです。中小企業では経営層と従業員の距離感が近い場合が多く、その近さを活かして現場を活気づけることは従業員の働きがいや会社への帰属意識を高めるために非常に有効です。

優秀な経営者のなかには、社長室にほとんどいないという人が珍しくありません。社長室に閉じこもるのではなく、部下が仕事をしているフロアに顔を出したり、取引先を飛び回ったりしているのです。

あえて社長室を設けていない経営者もいます。一般の従業員と同じ場所に机を置き、執務しているのです。こうした人々は、社長室の壁が心理的なバリアになると分かっていらっしゃいます。部下たちの近くで仕事をすることで、経営と現場の心理的な距離を縮めているのです。社長自らが働く姿を見せることで、部下の信頼を得ているケースもあります。ある運送会社の社長は、社員には大型トラックを運転させて、自分はいちばん小型のトラックを使って率先して働いています。

あるとき、その社長が部下を叱っている現場に居合わせました。配送先の大阪から戻ってきた運転手と運行管理者に空のトラックで戻ってきたことに対して厳しく注意していたのです。運転手たちはすぐに納得したようでしたが、私は当初、社長の叱り方は理不尽ではないかと感じました。運送を仕事とする従業員とすれば、荷物を無事届けたあとにそのまま帰ってくるのは普通のことだと思えたからです。叱られても黙って納得して去った運転手たちの様子のほうが、私の目には不思議に映りました。

私の様子に気づいた社長があとで話してくれたのですが、社長自身が普段から荷物の配送先で一生懸命に顧客を探し、少しでも利益率を高めようと努力している姿を彼らもよく見て知っているから、伝えたいことがきちんと伝わったのだということです。確かに、荷物を運んだだけでカラで帰ってくるのと、そこで仕事を取って別の荷物を運びながら戻ってくるのとでは、利益面で大きな差が生じます。社長が言うには、行った先で顧客を見つけるのが簡単でないと思える場合には出発前に現地の企業にアプローチをかけるといった努力はできるし、社長自身が実際にそうしているのだから、彼らにもさらにもう一歩、努力と工夫をしてほしいのだ、ということでした。

この説明を聞いて、私はなるほどと納得しました。傍目から見れば疑問に思うようなことであっても、リーダーが普段から率先して行動し部下にその姿勢が伝わっていれば、相手もそれを受け入れ応えてくれるのです。社長の一生懸命な背中を部下たちもよく見ていたので、叱られても素直に反省する気持ちになったのです。

和菓子などを入れる箱を作る会社の社長で、何度訪ねても社長室にいる姿を見たことがない人がいます。その人は、知的障がいをもつ従業員を採用し、自ら仕事の手ほどきをするのが常です。障がい者の受け入れは、周囲のメンバーにとって負担になることもありま す。しかし、社長が導入教育というこいちばん大変な役割を担うことで、受け入れもスムーズになり、職場の雰囲気も良くなっています。

ある大手百貨店の店長だった知人は、時間さえあれば店頭に顔を出すことを心掛けていました。そしてお客さまが現れれば接客するし、部下にもどんどん声を掛けていました。現場をいつも見ていることで、売り場の問題や部下の不満などにもいち早く気づけたそうです。私はこれまで、たくさんの経営者やリーダーと出会ってきましたが、あれほど現場の社員に慕われていた人はあまり見たことがありません。

リーダーが最前線に顔を出し、ビジネスの実情や、顧客・従業員のナマの声に耳を傾けることは、従業員に親しみやすさと信頼感を与えると同時に、現場に適度な緊張感を生み出します。社長室から飛び出して現場に出ることは、魅力的な経営者の条件の一つなのです。

部下の目線に立ってものごとを考える

友人であれ、家族であれ、取引先であれ、関係を構築し維持していくにあたっては、相手の立場に立って考えることが重要であるのはいうまでもありません。これは、経営者と従業員、上司と部下の関係であっても同じことです。会社は上下関係が明確で対等という意識が希薄なためか、この基本を忘れがちになっている状態をしばしば見掛けます。経営者や幹部役員に上り詰めるような人はそもそも優秀であったり、会社への帰属意識も仕事へのモチベーションも部下たちよりもともと高かったりする場合が多いため、つい社員を自分のものさしで測ってしまうことがあり、それがすれ違いのもとになってしまいます。

経営者の相談に乗っていると、部下が思うように動いてくれないという愚痴がよく出てきます。なぜこんなに簡単な仕事もできないのか、自力で成長し、指示などしなくても仕事をこなせるようになってもらえないものかと言うわけです。しかし私に言わせれば、最初から100%の実力を発揮してくれる社員など「絵に描いた餅」で、どこにも存在しません。

以前ある企業で、担当者のミスから納品遅れが発生したことがありました。その社員は先方への連絡を怠ってしまい、事態はおおごとになってしまいました。そのとき社長は、なぜあの担当者は取引先に朝いちばんに謝罪に行かないのかと不平をこぼしていたのです。私の目には、その社長にはリーダーとしてやるべきことがあるように見えました。例えば、部下にできるだけ早く先方に謝罪に行くことを指示したり、場合によっては自分も一緒に謝罪に行くと声を掛けたりしておけば、担当者も即座に反応したはずです。それを、人に言われる前に自分から動くべきだと言って放置し、結果ストレスを溜めてしまったのでは不毛というものです。先方から見れば担当者1人の問題ではないのですから、社長がしっかり指揮をとらねば会社の信頼にも関わり、マイナスにしかなりません。そして、社長自らがいち早く前へ出て動くことで、ついていく担当者は経験を積み成長の機会を得ますし、社長への尊敬や信頼も高まるのです。

経験の浅い社員であれば、期待している水準の5~6割の仕事しかできないものです。それを上手に導き、100%にまでもって行くのが上司の力です。部下が働いてくれないといってストレスを溜めるのではなく、部下が期待どおり働かないのは当たり前だと割り切って受け入れたうえで、彼らのモチベーションを引き出し、スキルを伸ばして仕事をやり遂げさせれば、ストレスどころかやりがいや達成感が得られるはずです。

また、部下がどんなことを考えているのか、相手の目線まで下りていって話を聞くことも大切です。経営者の常識は、部下にとっては常識ではありません。相手の目線まで下りるためには、部下のことに興味をもち、相手に心を開いてもらわなくてはなりません。

そのために有効なのは、共通点を探すことです。

人は、自分と似通った人に好感をもちます。同じスポーツチームを応援していたり出身地が同じだったりする人に親近感を覚えた経験は誰にでもあることです。部下との間に共通点を見つけることは、心理的な距離を縮めて信頼関係を築くためにとても有効な手段です。共通点はどんなものでも構いません。出身地、家族構成、好きなドラマや映画、心に残った小説、普段聴いている音楽などについて、自分と共通する部分がないかを探ります。

例えば、部下が横浜出身だとします。その場合、自分が横浜出身である必要はありません。家族や近い親類が横浜に縁があった、横浜を観光で訪れたことがある、横浜を舞台にしたマンガを読んだ経験があるなどでもいいのです。そうして相手と共感し合える点を見つけるようにします。

そのために「予習」をするのも悪くありません。つまり、事前に部下のプロフィールを調べておいてそれに合わせたネタを集め、何気ない雑談などの際に持ち出すのです。

このようにして「同族意識」をもたせると、部下は安心して本音を話すようになります。その結果、部下は危険信号を出しやすくなりますし、ミスなどを隠すことなく報告してくれるというわけです。これは、ミスをまったくしないのと同じくらい重要なことです。

もう一つ気をつけなくてはならないのは、最初は否定しないということです。人は否定されると心を閉じてしまいます。否定したくなっても、最初はとにかく話を聞いて受け入れることが大切です。否定的な言葉を使ってよいのは、安心できる関係性ができてからです。

「忙しいオーラ」は絶対に出さない

会社の規模にかかわらず、経営者は忙しいものです。特に中小企業では、直接経営に関わらないものも含めて社長がやらなければならない仕事が多く、しかも助力を頼める人材にも限りがあるのが普通です。一つひとつのタスクの重要度が高くて調整するだけでも一苦労という状況で、日々駆けずり回って息をつく間もないという人はたくさんいます。しかし、そんな余裕のなさを従業員たちにそのまま晒すのは得策ではありません。忙しい事実を隠す必要はありませんが、どんな場合にも言動や振る舞いが人の心に作用することを意識しておくことが大切です。

従業員の能力をフルに引き出すには相手の立場に寄り添った会話が重要ですが、逆にいえば、会話しづらい雰囲気を出している社長は従業員とのコミュニケーションがうまくいかないのです。

そこで気をつけたいのが、「忙しいオーラ」を出さないことです。

余裕がなくなると、目の前の事柄ばかりに心を奪われてしまいます。特に、すぐに対応しなければならないトラブルに見舞われたり、重要な案件の納期が目前に迫ってきたりした場合は、余計なことに時間を奪われたくないという気持ちがどうしても出てしまうものです。

その気持ちはよく分かります。私自身、若い頃は緊急の要件以外は話しかけるなという雰囲気を出して、周囲を遠ざけてしまっていた経験があります。しかし部下にとっては、忙しいオーラを頻繁に出す上司に対してホウ・レン・ソウ（報告・連絡・相談）をこまめに行うのは簡単ではありません。結果、肝心なときに頼れない上司という印象を与えてしまうのです。

逆に、「話しかけやすい上司」というイメージを部下にもってもらえれば、部下から適切なタイミングでホウ・レン・ソウを受けられ、部下がピンチに陥ったときに発する危険信号をいち早くキャッチすることも可能です。

忙しいオーラを出さないために心掛けるべきことは、一日のスケジュールのなかに「遊びの時間」を組み込むことです。20~30分でもいいので、何も予定を入れない時間帯を用意します。そして、その時間帯はデスクにいても時間を空けていることを明らかにして、何でも相談していいと部下に伝えるのです。これだけで、部下はむやみに上司の忙しいオーラを警戒する必要がなくなり、垣根が低くなります。もし部下からの相談がなければ、その時間を利用してほかの仕事を進めればいいわけです。

忙しいオーラとは、上司が部下との間につくる心理的なバリアなのです。

また、物理的な障害がバリアとして働くケースもあります。例えば、机の上に書類を積み重ねて部下からの視線を遮ってしまう上司がいます。整理が追い付かずにそうなってしまうのか、忙しさを強調して部下を駆り立てようとしているのか人によって理由はさまざまですが、それがいい結果を招くことはまずありません。こうした職場環境はコミュニケーションの大敵で、部下から見れば上司に対して話しかけにくいという印象を抱いてしまうだけなのです。

感情的に接するのではなく、部下を信頼する

経営者といえども人間ですから、いつも完璧に感情をコントロールできるわけではありません。ましてやすべての従業員やステークホルダーに対して重い責任を負っている身ですから、部下のミスというのは時に許し難いものであり、つい感情的に怒鳴りつけてしまうというのは無理からぬことではあります。しかし、感情的な叱責がプラスの効果を発揮することはほとんどありません。これは経営に限らず、親が子を、教師が生徒を叱るときも同じことで、基本的には相手の反感を買いプライドを傷つけるだけの結果に終わります。経営者という立場であるからこそ、そんなときにはむしろ計算高く、より効果的かつ効率的に会社のプラスになるよう指導力を発揮するべきです。そして、そのキーワードとなるのが「信頼」です。

以前、私の事務所のスタッフが致命的なミスをしました。若いスタッフですが、仕事はできる人物です。また、仕事ができるというプライドももっています。だからこそ独断で仕事をどんどん進めてしまい、確認不足を起こして先方に迷惑をかけるということがありました。

一般的にプライドの高い人は、ミスをした際に自力で解決しようとし、かえって深手を負ってしまうケースが多いものです。そのスタッフも私に相談せず自力でなんとかしようとし、問題をさらにややこしくしてしまいました。

私は大声で怒鳴りつけたくなる気持ちをぐっと抑えて、あなたらしくないと冷静に話しました。

あなたらしくないというのは、普段から相手を信頼しているというメッセージです。加えて、後輩たちの手本なのだから失敗したらすぐに相談すること、今回は代わりに自分が謝るから今後は気をつけるようにとだけ伝えました。

今では彼は同僚のスタッフの相談にも積極的に乗り、顧客の信頼も厚く、私の事務所のかけがえのないスタッフの一人に成長しています。

問題を起こした部下を感情的に怒鳴りつけるのは、逆効果になることがほとんどです。失敗したことは本人がいちばんよく分かっています。そこで怒鳴ると、部下は心を閉ざしてしまいます。その場ではすみませんと謝っていても、心のなかでは反省より反発のほうが先に立ってしまうのです。もし、反省して次のステップに進んでもらいたいなら、相手を信頼しているというメッセージを送ることが大切です。

時には、高齢の部下を指導するケースもあると思いますが、ここで気をつけなければならないのは、部下のプライドを傷つけないことです。特に、加齢による衰えを指摘してはいけません。

また、年をとると物覚えが悪くなったり、仕事でうっかりミスをしたりすることが増えます。しかし、それをストレートに指摘すると、部下は仕事に恐怖を感じてしまいます。すると気持ちが萎縮し、さらに別のミスを繰り返すようになってしまうのです。

仕事は厳しいものです。部下がミスを犯したとき、きちんと間違いを指摘して反省を促すのは大切ですが、自分は部下を信頼しているというメッセージを同時に受け取ってもらえるよう心掛けることが重要です。

大切なのはメッセージが口先だけにならないことです。言い方やタイミングについても気を配る必要がありますが、行動が伴ってこそ相手に届きます。部下が失敗したときは、部下を守ることが本当に大切です。代わりに謝ることもするし、対処のフォローをすることもあります。自分に迷惑がかかるからといって怒鳴っても得るものはありません。相手を信頼し、なおかつ守り育てる姿勢が、社長の人間味を増してより魅力的にしてくれます。

趣味をもって「脱・仕事人間」を目指す

経営者にとって会社と仕事こそが生きがいだというのは称賛されるべきことではありますが、それでも休日を楽しみ、夢中になって打ち込めるような趣味をもつことは意外に重要です。自身のリフレッシュのためだけでなく、周囲からすれば人間的な魅力を感じられますし、それをきっかけに関係性が進展したり、仕事にも意外な好影響を及ぼしたりするのはよくあることです。また、経営者がどんなに仕事一筋であっても、従業員すべてがそうだというわけにはいきません。働く時間と遊ぶ時間の過ごし方をしっかり分けられる人が上にいると、部下のほうも安心してついていけるのです。

例えば、毎週土曜日の午前中を書道の時間に充てている経営者がいます。社長室には、その社長が書いた掛け軸がいくつも飾られており、素人の私にもそのすばらしさが伝わってきました。書道は時間のかかる趣味ではありませんし、必要な道具や場所も比較的限られていて、手軽なものです。それでいて精神的に落ちついて日々の忙しさ、煩わしさからひととき離れて気分を切り替えるリフレッシュ効果は高そうです。上達を感じられれば満足感があり、いい作品ができれば達成感を得ることができます。この社長のように自分の作品を部屋に飾ったり、それを通じて社内にメッセージを発信したりすることもできるわけですから、経営者向けの趣味だと納得したのを覚えています。

ほかにも居合道やスキー、熱帯魚、音楽、相撲など、さまざまな趣味を極めた社長を知っています。魅力的な経営者のなかには、仕事だけでなく趣味にも熱中している人が少なくありません。

無趣味で休みの日にゴロゴロしてばかりいるような人は、知的好奇心や行動力に欠けたつまらない人物だと見られがちです。そのため、部下からの尊敬も得にくい傾向があるのです。一方、多彩な趣味をもち、それらに没頭している人は、エネルギッシュで人生を楽しんでいるように見え、部下から憧れの念を抱かれます。

半世紀前なら、「仕事人間」もそれなりの尊敬を勝ち得たかもしれませんが、今はそういう時代ではありません。仕事しか楽しみがないという人は、幅の狭い、つまらない人物だと見なされるのです。特に、日用品や暮らしに関わるサービスを手掛けている企業の経営者は、「よく働き、よく遊ぶ」ことを心掛けることが大切です。プライベートを楽しむなかで、商品やサービスに関する感覚が磨かれ、それが新製品・新サービスを生み出すアイデアをもたらすケースもあるからです。

なかには、趣味を活かして起業した人もいます。例えば、病院の事務職だった人が、餃子好きが高じて餃子店を開業したケースがありました。その人の餃子にかける情熱はすさまじいものです。味にとことんこだわり、新製品の開発にも没頭した結果、業績は右肩上がりになりました。そしてあっという間に10店舗以上をオープンしてしまいました。

また、食べることが何より好きだという和菓子屋の経営者もいます。あちこち出かけて食べ歩くのが好きだと言います。そして、いい材料を見つけてきては、商品化してしまうのです。

忙しくて趣味の時間など取れないというなら、電車の中の広告をチェックするだけでもいいのです。幅広くアンテナを張り、いろいろなことに興味をもつ姿勢が大切です。そうすることで、感覚が活性化して心の若さも保てます。また、話題の引き出しを増やして、雑談力を高める効果も期待できるのです。面白い雑談ができる社長は、部下から見ればとても楽しく親しみやすいものです。結果的に部下との共通点を見つけやすくなり、互いの距離を縮めやすくなります。

距離を縮めることで、部下のアラームに気づくこともできます。なんだか元気がないと思っていたら家庭に問題があったとか、顧客とのトラブルを抱えていたなどということは、普段からコミュニケーションをとっていないと見過ごしてしまいます。

部下が急に無口になったら要注意です。快調に仕事を進めているときは、上司や同僚に対して途中経過を伝えたくなるものなのです。逆に口数が少なくなったときは、何か問題を抱えている可能性があります。会社を辞めたくなるようなことがあった、プライベートで何かあったということも考えられます。

大切なのは、気づいたら即対処することです。部下からのアラートをキャッチしたら、その日に時間をとることです。先延ばしにせず、鉄は熱いうちに打つのが大切です。

部下への感謝を忘れない

人間関係の基本は相手を思いやる心であり、それが最もよく表れるのが感謝する姿勢です。退職理由の上位を占めているのは常に人間関係ですが、これはいい換えれば、職場でお互いへの感謝が忘れられている現状を指しているのです。もしそうであれば、会社の雰囲気をつくり、全社員に影響力をもつ社長自身がそれを忘れていないか顧みる必要があります。

起業した直後は、たった一人のお客さまでもうれしいものです。また、苦しい状況で助けてもらった取引先やビジネスパートナーへの恩は、本当にありがたく感じます。ところが、事業が軌道に乗って会社が大きくなると、経営者はとかく傲慢になりがちです。そういう意味では、業績が上がってきたときほど注意が必要です。人から良いことをされても当たり前のような気持ちになってきますし、なかなか成果を上げられない人を見下してみたり、人の意見に耳を貸さなくなったりするのがこの時期です。

取引先やビジネスパートナーに対して感謝の念を忘れてしまうような経営者は、部下に対しても傲慢に接するケースが多いようです。例えば、部下がコーヒーを入れても「ありがとう」の一言さえ掛けないのです。しかし、これでは部下の心はつかめません。

さらにいえば、大切なのは気持ちを相手に伝える姿勢であり、伝え方です。心のなかで思っているだけでは人間関係は変わりません。そもそも本来、「感謝」は「うれしい」「悲しい」のような心情を表す言葉ではありません。「謝」は謝辞、謝罪など、相手に対して内容を明らかにする行為を表し、感謝は、ありがたいと思う自分の気持ちを相手に表明することを意味するのです。もし、感謝の気持ちはあるが伝わっていないと思うなら、実はそれは本来の意味ではまだ感謝したことになっていないのです。会社を支える社員たちを思う気持ちを大切にすることはもちろん、それを伝える方法を改めて見直してみるべきです。

教え込むのではなく、導く

採用後にもち上がる問題としてよく聞かれ、また退職にもつながりやすいのが社員教育、育成の問題です。新入社員は仕事を教えてもらえないことに不満をもち、上司は部下の覚えが悪いことや自分から学ぼうとしない姿勢に不満をもちます。しかし、このすれ違いは不毛であり、新人に厳しさを見せるだけで改善できるような単純な問題ではありません。仕事のできる上司は部下にも自分と同様の積極性を求めがちですが、人間はそれぞれ違うものですし、世代による認識の違いはどんな時代でも少なからずあるのです。相手をうまく引き込み、ストレスなく向上へと導くことはむしろ経験ある先輩の役割であり、腕の見せどころでもあります。

昔気質のビジネスパーソンは、若い頃に「仕事は先輩の背中を見て盗む」と教えられていたのではないかと思います。しかし、現代ではそういう考え方は通用しません。特に、数少ない人材を戦力化しなければならない中小企業の場合は、若手をきちんと指導することが求められます。

ただし、ここで注意しなければならないのは、「Ｔｅａｃｈ」ではなく「Ｃｏａｃｈ」するよう心掛けることです。

Ｔｅａｃｈとは、仕事の知識ややり方を教え込むことです。学校を出たばかりで、仕事について何も知らない新入社員であれば、Ｔｅａｃｈの比率が高くなるのは当然だと思います。しかし、従来のやり方を教え込むだけでは応用力や判断力は磨けません。

一方、Ｃｏａｃｈの元来の意味は「人を目的地まで連れて行くこと」です。つまり、ゴールに向かって主体的に進めるよう、若手の能力を引き出すためのアドバイスをすることです。

若手にはいずれ一本立ちし、自分の力でビジネスを進めてもらわなければならないのです。自分で考え、行動する力を伸ばすため、若手を導くことがＣｏａｃｈｉｎｇなのです。

本をたくさん読む

さまざまな趣味や娯楽が溢れ、楽しみの時間を過ごすための選択肢には事欠かない世の中ですが、人の上に立つ者として外せないのが読書です。魅力的な経営者になるためには、読書は不可欠です。興味の幅が広く、知的好奇心が旺盛な人間ほど人から尊敬されるからです。社長は読書家でたくさんの本を読んでいるというイメージがもたれれば、ちょっとした声掛けや提案でも、知識に裏打ちされた考えあってのものだと相手が勝手に受け取ってくれることもあります。それがいいことかどうかはともかく、空っぽの人間が思い付きだけでやっていると思われるのに比べればはるかにましです。読書家であるという事実そのものが、社長の言動に説得力を備えてくれるのです。

よく、本を読む時間がないという人がいますが、時間を節約できるという点で読書はほかのあらゆる趣味に勝ります。ゴルフも、美食も、旅行も、芸術も、読書を通じて楽しさを味わうことができます。もちろん実際に体験することでしか得られないものはたくさんありますが、例えばゴルフが好きだという相手と話を合わせて話題を広げるだけの知識は、読書から十分に得られるのです。

また、経営者にとって役に立つのが歴史小説です。歴史小説には、古今東西のすばらしいリーダー像が描かれています。彼らの哲学や行動様式は、経営者にとって非常に参考になるものです。あるいは部下へのちょっとした言葉の掛け方なども、歴史小説に学ぶことができます。この人物のセリフはすばらしいと感じたら手帳にメモをしておいて、移動中のちょっとした時間などにたびたび見直すと、その言葉に感銘を受けたときの気持ちを思い出してやる気を高めたり、その言葉についてそれまでとは違った解釈や深みに不意に気づくことができてはっとしたりします。すると、こうしたことが次第に自分のなかに染みていって、部下との会話で引用したときも、借り物の言葉でなく自分の考えとして語ることができ、相手の心を動かすことができます。

ソフトバンクグループ創業者の孫 正義さんも、読書家で有名です。孫さんは、15歳のときに読んだ司馬遼太郎の『竜馬がゆく』が人生を変えたと語っています。孫さんは小説を通して坂本龍馬の生き方に影響を受け、それまで通っていた高校を辞めて単身渡米します。それが創業のきっかけになったのです。

社外の人脈で人間の幅を広げる

経営者である以上、自分の会社を第一に考えるのは当然ですが、それだけになってしまうと周囲のさまざまな変化を見落としてしまうことになりかねません。一見、自社の事業に無関係に思えるようなことでも、意外なビジネスチャンスにつながることはありますし、反対にそのおかげでピンチを免れるということもあり得ます。

またそうして経営者として幅を広げていくことは考え方に厚みをもたせ、さまざまな場面での対応能力を高めることにつながります。人材を集めるとき、あるいは採用した人材を育成していくときに、いつも相手がこちらの想定する枠に収まるかというと、そうではありません。むしろ、世代が開いていくほど価値観も行動様式も経営者の既知の領域から離れていく可能性は高いのです。そのうえであくまでも枠に収まる人材を求めるのか、自分自身の枠を広げるのかというのは考えるべき課題です。

仕事にのめり込んで視野が狭まると、社内の人間や決まったクライアントとばかり付き合うことになりがちです。しかし、それでは人間の魅力を広げることができません。地元の自治会に参加したり、起業家同士の集まりや業界の会合に出たり、ボランティア活動を行ったり、学生時代の友人と会ったりして、社外の人と付き合う機会を増やすのは、会社をより良い状態に保つためにも役に立ちます。

飲み会や勉強会などに人から誘われたら、その場に行ってみることが大切です。仮に気が進まなくても、顔だけ出してみるのです。

社内の人とばかり付き合っていると、どうしても視野が狭くなります。また、同じ発想の持ち主とばかり話すうちに、考え方が凝り固まってしまいます。関係性や立場も変わりませんから、自分のなかから新しい引き出しを引っ張り出す必要もあまり生じません。逆に、初対面の人と頻繁に触れ合うことができれば、見識も広がり、柔軟な考え方ができるようになります。新しい自分の発見にもつながり、相手を通して自分の良いところを知ることができたり、直すべき点に気づけたりします。

亡くなった祖父の口癖は、「まずはいったん受け入れ、すぐに断ったりするな」でした。職業軍人で陸軍士官学校を首席で卒業した祖父は、若い頃、陸軍大学校に進学してはどうかと上官から推薦されました。当時の陸軍大学校は、エリート将校を育成する機関です。卒業すれば、さらに上のステージで働ける可能性が大きく広がるはずでした。ところが祖父は、とても親しかった先輩が推薦されていないことを知って遠慮し、自分の推薦を辞退してしまいました。このことを祖父は非常に後悔していました。一時の遠慮や気おくれで、自分の可能性を自分で閉ざしてしまったこと、せっかく自分を見込んで薦めてくれた人がいたのに、その人を信じ切ることができなかったことを何十年経ったあとにも悔いていたのです。そして、何事もまずは受け入れろという彼自身の教訓となりました。

何かに挑戦して失敗してしまったとき、人は後悔します。一方、挑戦せずにチャンスを逃したときも人は後悔します。祖父の寂しそうな表情を思い出すと、私は挑戦せずに失敗した後悔のほうがずっと重いのだと思います。

一歩踏み出さなければ見えない景色があります。そしてそこには、新しい発見が必ずあるものです。

［第3章］

「人材が定着する会社」の社長が実践していること6

〈組織づくり編〉

社員が「ここで働きたい」と思う会社をつくる

プロ野球やプロサッカーの世界では、時に監督の交代が起こります。そして指揮官が新しくなったことで、負けていたチームの雰囲気がガラリと変わり、一気に勝ち星を重ねることも珍しくありません。

企業でも同様のことがあり得ます。経営者自身の意識や行動が変わることで組織の雰囲気が一変し、経営に大きなプラス効果をもたらすのです。

もし、己の意識や行動が変わったと自信をもてるようになったら、次は組織に対しての働きかけを行います。といっても、いきなり社内を大改革する必要はありません。社員と密にコミュニケーションを図りながら、少しずつ、社内の雰囲気を変えていくのです。

成長する企業に共通する雰囲気をつくる

ビジネスを取り巻く環境は急速に変化していますが、特にインターネットの登場は、それ以前と以後を別の時代に区分することができるほど世の中を変えてしまいました。現在は多くの経営者と従業員の間で、その区分をまたいでいるような状況があり、その複雑さのなかでお互いに相手の求めているものが汲み取れないままストレスを募らせているように感じられます。しかし、今も昔も、またどのような新しい業種や企業形態が生まれようとも、企業が成長していくうえで決してないがしろにできない大切な要素があります。それが、社員の会社への帰属意識です。

最近の若者は、会社への帰属意識が薄いといわれます。一昔前のように、会社に滅私奉公するという時代ではありません。若い世代が職場の飲み会に参加しないという話もよく聞くようになりました。会社の人間関係に終業後まで拘束されたくない、個人の生活を大切にしたいというわけです。個人の生活を大切にすること自体は悪いことではありませんが、職場のなかでの助け合いの精神がなくなってしまうとすれば、これは大きな問題です。

また、昇進を望まない若手社員も増えてきました。以前なら、昇進を打診された若手のほとんどは喜んで受け入れたものです。ところが最近では、私には難しいかもしれないから考えさせてほしいなどと躊躇《ちゅうちょ》するケースが増えています。周りとの関わり合いが少なくて信頼関係がないから、昇進したら重圧で大変だというふうに考えてしまうのです。昇進すれば付き合いも増えて、夢や希望が広がるはずなのに、その夢や希望が描けなくなっているのだとすれば、本人にとっても組織にとっても、実にもったいないことです。

世の中が利益至上主義になってきたのも、こうした傾向に拍車をかけていると思います。個人の成績ばかり気にして、チーム全体のことを考えられなくなる従業員が増えているのです。結果として、組織全体のパフォーマンスは落ちてしまいます。また、周囲の人々とうまくいかず、精神的に追い詰められる人も出てきます。行き過ぎた利益至上主義は職場のムードを悪くしてしまうのです。

しかし、もともと日本の会社には、「和をもって尊しとなす」文化がありました。風通しの良い組織をつくり、コミュニケーションを図れば、助け合う風土をつくることができるはずです。

京都に、社員やパートの定着率がとても良い企業があります。そこは、入社したばかりの社員に、いろいろな仕事をひととおり経験させるというやり方をとっています。そうすることで、誰かが抜けてもほかの誰かがその工程を受け持つことができます。そのうえで、個人の生活を大切にしようというムードをつくっているので、家の事情で休みたいときに気兼ねなく休めるのです。誰かが休みたい事情があれば、代わりにほかの人が応援に入って仕事を回そうというチームワークができています。

このところ、ワーク・ライフ・バランスという言葉が盛んに使われ、多くの企業は従業員の生活を大切にすると公言しています。しかし、実際に休むと仕事に穴があいて会社の業績が落ちるような状況では、気軽に休みを取ることはできません。会社のポリシーと仕組みがリンクして初めて、本当に助け合える風土ができるのです。

賃金だけではない「働きがい」を提供する

わが子の幸福を願わない親はいないのと同様、経営者も従業員の幸せを願うものです。もちろん程度に差はありますが、少なくとも従業員が会社に対して満足し喜びをもって参加してくれるほうが、そうでないよりいいとは考えるはずです。私はこれまで多くの企業からさまざまな相談をもちかけられ、何人もの経営者と接してきましたが、自分一人の幸福だけを考えて従業員のことをまったく気に掛けないという人はいませんでした。ほとんどの経営者が、出せるものならもっと給料を出してやりたい、できるものなら休ませてやりたいと考えながら、それを叶えられるように悪戦苦闘を続けています。しかし、そうした経営者の多くが見落としがちなのは、企業が従業員に提供できるものはほかにもあり、それは苦しい経営状況下でもほぼ無限に振りまくことができるものだということです。

ある認定こども園では、障がいのある子を受け入れています。ある年の演劇会で、園長先生は障がいのある子どもを劇でいちばん長いセリフを言う役に抜擢しました。その子は演劇会の当日、見事に役を演じきることができました。そしてお母さんがうれしさのあまり号泣する姿を見て、先生たちも全員感動して泣いてしまったというのです。

保育士は大変な仕事です。高度な専門性と責任が求められる一方、子どもを抱き上げるなど体力的な負担は小さくありません。そのため一般的に保育士などの人材定着率は必ずしも高くないのですが、この園ではあまり人が辞めていません。その秘密は、仕事を通じて感動体験ができていることにあったのです。

演劇会を成功させるために、園は一丸となってその子に関わりました。その結果、劇は成功し、主役の子どものなかに眠っていた大きな可能性を引き出すことができました。それを見て先生は、その子の成長した姿と、自分たちの努力が報われたと感動したわけです。

今の若者はクールだなどといいますが、やはり一致団結して力を出し、感動する体験というのは強いものです。この園の場合は、園長が障がい児を預かってみようと言い出して全員の賛同を得たという経緯がありますが、行事そのものは委員会をつくって運営しています。全員に役割があって、自分の力を発揮できる仕組みがあることで、自分で頑張ったという実感が高まります。この過程があるからこそ、全員が泣くほどの感動を味わうことができたのです。

感動というのは精神的な報酬です。感動の多い職場では、自然と仕事に対する使命感も生まれてきます。この園で働けて良かったとみんなが思える環境を、その職場ではうまく仕組みとしてつくりあげていました。そういった感動の体験が人材を惹きつけ、次の活動につながるのです。

成果主義より「休みが取れる職場」にする

従業員のやる気を引き出すためにはいくつか選択肢がありますが、すべてを同時に進めるのは無理があります。多くの部署をもち資金にも余裕のある大企業ならともかく、中小企業では優先順位を決めて、できることから進めていくしかありません。限られた金と時間を振り絞ってなんとか従業員を引っ張りたいというそうした施策は、できれば失敗して無駄に終わることなく、願わくは最大限の成果を上げてほしいという切実な状況で選択されるものになります。

「成果主義」の導入について経営者からの相談を受けることがあります。年俸制や歩合給などを取り入れることで、高い実績を挙げた従業員に報いたいというのです。

私は成果主義の導入には慎重な立場ですが、それを導入しようという気持ちももちろん理解できます。経営者の視点で職場を見ると、一生懸命に仕事をしている従業員がいる一方、手を抜いているような従業員もいると感じられるからです。努力し、実績も挙げている従業員に高い給料を出して労をねぎらいたいという思いと、歩合給によって従業員のやる気を引き出し、さらに高い業績に結びつけたいという2つの思いが経営者のなかにあるのは、自然だともいえます。

ただし私の経験からいえば、成果主義の導入は危険が大きいものです。従業員のやる気を引き出すどころか、会社全体のモチベーションを下げてしまう危険性もあるのです。

最大のハードルは、「公平な人事評価が難しい」という点に尽きます。

例えば、人事や総務、製造部門などで働いている従業員には、成果主義はなじみがありません。これらの仕事は、「実績」や「成果」といった指標で図りづらいからです。その場合、人事評価は「上司からの評価×自己評価」という軸で決まりますが、全員が納得できる評価を下すことが極めて難しいのです。上司が、部下との相性や好き嫌いで人事評価を決めてしまったら、えこひいきされた人以外のモチベーションは、確実に下がってしまいます。

営業や販売といった職種でも、成果主義の導入は簡単ではありません。例えば、大きな取引先の担当者と小さな取引先の担当者が、売上額だけで一律に評価されたら、小さな取引先の担当者は不公平だと感じるはずです。また、人によっては営業ノルマを達成するため、成績が良かった今期分の売上をわざと来期分に回すなどの「調整」を行うケースもあります。こういうことが横行すれば、顧客にも迷惑になりますし、自社の売上を落とすことにもつながり兼ねません。

さらに、部署ごとの不公平感にも配慮が必要です。営業で評価を上げるためには数字を出す以外の方法がないのに、総務は評価基準が異なるから楽そうだと思われてしまうと、たとえ実際はそうでなかったとしても、せっかくの仕組みづくりが逆効果にしかなりません。

このように、安易な成果主義の導入には多くのデメリットがあります。私は、休みを増やしていきいきと働ける環境を用意することで、従業員のモチベーションを高める方法のほうがずっと効果的だと考え、経営者の相談にもそのように応えてきました。

例えばある顧客企業では、ほとんどの社員が月に60～80時間程度残業をしていました。離職率は常に高く、私は社長から改善策はないかと相談を受けたのです。今の若手社員は自分の時間を大切にする傾向が強いので、私は残業時間の削減を提案しました。社長には戸惑いも見られましたが、私なりに会社の状況を分析し、アプローチのポイントや期待される効果、あるいは考え方をいくつか提案して話を深めていった結果、社長はしっかりと腹に落ちたと言って納得してくれたのです。そこでその企業は、従業員1人の1カ月あたり残業時間を最長で42時間に決定しました。どんな事情があろうと、これ以上長く働くことを禁じる方向に舵を切ったのです。企業がこうした判断を下した背景には、従業員の健康と、彼らが家族とともに過ごす時間を大切にしてもらいたいという発想がありました。

この会社では当初、ベテラン社員から大きな反発があったそうです。ただでさえ忙しいなかで時間を制限されてはとても仕事が終わらないという声が多く、また残業代を稼げなければ生活ができないという訴えもありました。しかし社長の意志は固く、なんとしても労働時間の短縮を実現するとして、そのために受注を減らすことも辞さない覚悟を示して押し切ったのです。

最初の2カ月は仕事がこなせず、いくつかの仕事を断る羽目になったため、結果として当然売上は下がりました。ところが、危機感を覚えた社員たちが作業効率を高めるための取り組みを自発的に始めたのです。また従業員からの要望をもとに、会社側でもＩＴや最新設備を導入するなどして、労働効率化を支援していきました。そして3カ月後には、短い労働時間で以前と同じ程度の仕事量がこなせるようになったのです。さらに半年後の決算時には、それまでの最高益を達成するにまで至りました。その年のボーナスは会社が始まって以来の金額となり、従業員は残業代が減った分を補って余りある手取額を得ることになりました。

その社長は、覚悟を決めて踏み切った労働時間の変更についてた手ごたえを語ってくれました。労働時間には「枠」が必要であり、それがないと人はダラダラと働いてしまうため、時間をしっかり区切ったことはやはり正解だったといいます。さらにそのなかで仕事を終わらせるために創意工夫したことでいろいろな知恵が湧いてきて、その知恵を取り入れていくことで業務効率は飛躍的に上がっていったのです。

この会社は業務効率化に成功しました。その結果、新たな取引先も増え、社内も活気に満ちています。また、休日出社もほぼゼロになり、従業員は十分な休みを取れるようになりました。従業員はプライベートが充実して業務効率にプラスの影響が出たり、出産を控えた女性社員が退職しなくなったりするなどの効果が出て、メリットが次々に連鎖していったのです。

そしてさらに、こうした良い変化が仕事へのモチベーションを高めることにつながっているというのが社長の率直な感想です。

成果主義を取り入れなくても、従業員のやる気を引き出すことはできるのです。目先の利益よりも、従業員とその家族の幸せを重視したこの経営者の発想と切り替えは非常に効果的で、お見事というほかありません。業務時間に限らずとも、同じような視点で手を入れられる部分が、どの会社にもあるのではないかと思います。

総務を「公の心を結びつける」部署として機能させる

企業の発展を支える人材の定着をテーマに、人を大切にしてしっかりと教育を施す企業こそが成長できると考えるとき、そのカギを握るのが企業の総務部です。

総務の「総」という字は、「公の心を糸で結ぶ」という構造になっています。つまり、企業という社会の公器に属する従業員の心を、糸でしっかり結ぶ役割を果たしているのが総務部なのです。総務部が機能していない企業は、従業員の気持ちがバラバラになり、空中分解を起こす危険性もあります。

私はこれまで、社会保険労務士として多くの企業と仕事をしてきました。その経験に基づき、総務部が優秀な企業は必ず成長すると断言できます。

しかし、経営者のなかには総務部の重要性に気づいていない人もいます。特に、先代から経営を受け継いだ2代目以降の経営者は、総務を軽視する傾向が強いと感じます。創業者は会社設立当時の未熟な組織を整備するなかで、自ら総務や人事などの仕事に携わった経験をもっているため、総務の重要性を体感しているのです。ところが彼らの後継者たちは、すでに出来上がった組織を受け継いでいるため、総務を「当たり前の存在」と認識しがちなのです。

東日本大震災が起きた直後、電力不足が発生して計画停電が行われました。それまでの私たちにとって、電気は「使えるのが当たり前」でした。ところがいざ停電を経験してみると、電気というものはありがたいものだと改めて痛感したのです。総務部はそれと同じです。普段は縁の下の力持ちのような存在で目立ちませんが、実は、企業のなかで重要な役割を果たしています。

このところ、総務や経理といったスタッフ業務の一部を引き受けるアウトソーシング企業が増えてきており、効率化と合理化の名のもとにそうした企業へ外注する企業が現れています。私は、こうしたやり方をすべて悪いと言うつもりはありません。確かに、備品の管理や購入、社内文書や請求書の管理をはじめとする一部の定型業務を外注するだけなら、業務効率がアップする可能性はあります。しかし、そういったアウトソーシング企業が、例えば社員の入社から退職までにかかる労働社会保険諸法令に基づく手続き業務を報酬を得て行うと、社会保険労務士法27条に抵触するため、この分野についてのアウトソーシング企業への外注はできません。

従業員数50人以下の中小企業では、独立した総務部をおいていないことが珍しくありません。総務と経理を兼ねた「管理部」があり、総務担当者と経理担当者が1人ずつ、あるいは、1人の経理担当者が総務の仕事もこなすというケースが多数派です。こうした場合、総務業務にかけるマンパワーが足りないケースがよくあるため、労働社会保険諸法令に精通した社会保険労務士にアドバイスを求めることが大切です。ただ、その場合も、すべての総務業務を他人任せにするのは避けるべきです。総務がなくなると、会社組織を束ねることができなくなるからです。社内に必ず最低でも1人は総務担当者をおき、その人が社会保険労務士事務所とコミュニケーションを密接にとり、連携する仕組みにすることが大切です。

「経営層候補者」に総務を経験させる

総務は企業の要なので、「将来、経営層に昇格する可能性のある優秀な人材」に総務を経験させるのは良いことです。逆に、総務経験のない人を経営層に昇格させるのは、危うい人事だといえます。

特に、いずれは社長を引き継ぐ2代目、3代目に総務部を兼務させることをおすすめします。総務を経験させることで全社へ目配りできるようになりますし、各現場が抱えている課題を別の角度から見つめることができるからです。そして何より大きいのは、総務の仕事をしっかり務めることで、社内からの信頼を得ることができます。

総務の役割は「縁の下の力持ち」です。営業や開発といった花形部門に比べると、その仕事ぶりはどうしても目立ちません。時には、他部門から総務がどんな仕事をしているのかいぶかられるケースもあります。しかし実際には、従業員の悩みに寄り添ったり、働きやすい職場環境を整えたりするために必死で頑張っているものです。こうした業務を続けるなかで、総務担当者はさまざまな部門と強固な人間関係を構築します。そして、たとえ総務の実際の仕事が詳細には分からなくても、総務担当者への信頼から、その人が言うのならと皆が納得するほどの関係性を築ければ、将来経営層になったとき、仕事がやりやすくなります。

優秀な総務担当者を育てる3つの心得

総務担当者に向いているのは、「コツコツ・慎重タイプ」の人材です。総務はどうしても地味なポジションなので、期日を守りながら、一つひとつの仕事をしっかりとこなせる人が適任です。

これに加え、近年では総務に「新しい仕組みをつくる力」も求められるようになりました。コロナ禍によってリモートワークが普及し、企業には「新しい働き方」への対応が求められています。また、各種ハラスメントへの対策や、男女平等、ＳＤＧｓ(Sustainable Development Goals／持続可能な開発目標）などに向けた制度の整備も必要です。そのため総務担当者にも、従来のやり方をただ引き継ぐだけでなく、新たなチャレンジができる素養が必要とされているのです。

総務担当者を育てるためには、３つのポイントがあります。

（1）仕事ぶりをきちんと評価する

総務担当者は他部門からなかなか評価されづらい環境にあります。しかし、経営層であれば総務の大変さはよく分かっているはずです。そこで、福利厚生制度の整備によって従業員の働きやすさを高めたとか、ミスなく社内文書を管理しているとか、社内イベントを企画して成功させたなどといった成果が挙がっていたら、きちんと褒めるようにします。それだけで総務担当者のモチベーションは上がり、仕事への積極性は増していきます。

（2）就業規則などをきちんと把握させる

各企業には、就業規則などの社内ルールがいくつか存在しているはずです。それらをじっくり読ませ、問題点がないか考えさせるのです。例えば、一見問題なく整っている就業規則にも、改めて見るとパワハラに関する記述が不足しているなど、近年の傾向を汲み取れていないと感じられる部分があったりします。そうした気づきが得られれば、総務担当者のスキルは磨かれますし、制度改革のきっかけにもなります。

（3）コミュニケーション能力を磨く

総務は社内の要ですから、さまざまな部署・従業員とコミュニケーションをとる必要があります。また、時には顧客や取引先とやり取りすることもありますし、従業員の病欠や労災などに際しては、医療機関などとも連絡をしなければなりません。そのため、コミュニケーション能力を高める講座を受講させるなどして、スキルアップの支援をすることが大切です。

以上の3点に注意し、総務部門を強化することができれば、優秀な人材を確保し育てられる環境がさらにつくりやすくなるはずです。

［第4章］

「人材が定着する会社」の社長が実践していること9

〈仕組みづくり編〉

社員の働くモチベーションを高める

さまざまな手を打って社内の雰囲気が変わったら、いよいよ組織改革へと乗り出します。新たな人事制度や評価制度を導入したり、外国人や女性、高齢者など多様な人材を受け入れやすい仕組みを整備したり、他社や地方自治体なども巻き込みながら、従業員の定着率向上を目指したりと、やり方は多種多彩です。

組織や制度を変更する際には関連する法律などへの配慮が欠かせません。そうした専門知識をもつ人が社内にいる企業は問題ないのですが、中小企業の場合、そうした人材を抱えていないケースのほうが多数派です。そこで、社外の社会保険労務士や弁護士といったプロフェッショナルに知恵を借りながら、改革を進めていきます。

手当などを導入して社員のやる気を引き出す

社員のモチベーションを高め会社への帰属意識を高めるために、給料を上げる以外にも経営者にできることはたくさんあります。しかし、やはりお金は大切ですし、適切に使えば存分に効果を発揮する強力なアイテムであることは間違いありません。たとえ少額であっても、社員の頑張りに応えて給与を増額したり、手当を出したりすれば、評価された喜びもあいまって社員のやる気を引き出すことは十分に期待できます。

ただし、安直に成果主義を導入するのは考えものです。成果を正しく評価することは企業にとって永遠の課題で、万人が納得できる仕組みを構築するのはなかなか難しいことです。やり方を間違えると社員の間に不公平感が強まり、逆効果になるケースが珍しくありません。また、成果主義が全社の営業活動にマイナスの影響を及ぼすこともあります。例えばあるアパレル店では、販売額に応じた歩合給の比率を大きく高めることにしました。販売スタッフはやる気を出し、一時的に売上は向上したのですが、しばらくすると弊害が露《あら》わになりました。売上増を目指して各スタッフが強引な販売手法をとった結果、常連客が店から離れてしまったのです。店舗全体の売上が右肩下がりになったため、結局その店は、元の給与体系に戻してしまいました。

取り組むべきなのは、実績に応じて細かく給与・報酬を加減するのではなく、ごくシンプルな手当の制度をつくることです。

例えばホテルの場合、24時間体制で宿泊客に対応しなければなりませんので、早番・遅番などのシフトを組む必要性があります。また、ホテル内でイレギュラーなイベントが行われたりするときには、一部のスタッフに1日8時間以上の長時間シフトで働いてもらうこともあります。なお、こうしたやり方は「変形労働時間制」と呼ばれ、1カ月の所定労働時間が法定労働時間（1週間の平均が40時間以内）に収まる範囲なら、就業規則に記載するだけでも大丈夫です。

当然のことながら、早番・遅番や長時間シフトは不人気です。これらの働き方は、肉体的、精神的な負担が通常の勤務に比べて重いのが普通ですが、変形労働時間制を採用している場合は労働者に割増賃金を支払う必要性がないため、給与額は変わりません。

また、育児や介護などの事情がある人は、早番・遅番や長時間シフトに対応できません。そのため、代わりに早番・遅番などに割り当てられるスタッフは、希望どおりのシフトにつけない不公平感から不満を抱えてしまいます。反対に、早番・遅番に入らない人のほうでは育児を理由にほかのスタッフに迷惑をかけてしまうと感じ、それを引け目に思ってしまうのです。

私の事務所の顧客であるホテルの経営者もこの課題に悩んでいました。そこで私が提案したのが、早番・遅番や長時間シフトの勤務者に、1回あたり500円の手当を出す仕組みです。試しに導入したところ、効果はてきめんでした。1カ月に10回、早番・遅番などに入れば、総額で5000円になります。そのため、それまで誰もやりたがらなかった早番・遅番や長時間シフトに、多くの社員が手を挙げるようになったのです。同時に、育児などで通常の時間帯にしか働けない社員の引け目を解消することもできました。

この事例をほかの顧客に話したところ、5つのホテルが同様の仕組みを導入しました。また、24時間体制での対応が必要な病院や特別養護老人ホーム、営業時間が長時間に及ぶガソリンスタンドや、延長保育を実施している保育園などでも、似たような取り組みを始めたところがあります。

ポイントは、もともと不公平感のあった部分の解消に手当を取り入れたことです。もともと公平である状況を成果主義によって差をつくろうとすると、どうしても不公平感が生じてしまうのですが、ここではあくまでシンプルなやり方で、マイナスを解消することを目的とした手当を導入し、成功を収めたというわけです。

もうひとつ、ある部品メーカーでも新しい手当の導入を成功させた例があります。この部品メーカーでは、新たな提案を行った社員に報奨金を出すことにしたのです。対象にしたのは、新規開発製品に関わるものだけではありません。例えば、業務効率を高めるために日報や会議議事録の書式変更を提案した総務担当者や、工場内の安全性を高めるために改善提案を行った製造部門担当者にも報奨金を出しています。提案者には無条件で5000円が支給されます。そして提案が採用された場合は1万円、3万円、10万円という3段階の報奨金が翌月の給与に加算して支払われます。

ここで大切なのは、採否にかかわらず一律5000円を支払うことです。こうすることで、能動的な発信を評価する企業姿勢を示すことができ、社員のモチベーションを高めることができるのです。また、発案から短期間でお金を出すことも重要です。報奨金をもらえるまであまりに時間がかかり過ぎると、効果は落ちてしまいます。吟味の前にまず提案姿勢を評価して5000円を出すというスピード感と、検討のうえで採用の報奨を出すという二段構えが制度導入成功のポイントとなりました。

ポジティブな評価方式を工夫せよ

評価方法については、一般に加算式と減算式に大きく分けられます。

従業員のモチベーションを高める狙いで行う以上、加算式のほうが間違いなく効果的です。しかし、現代の若者は自分の評価を上げることよりも下げないことのほうを重視するという見方がありますから、自分の評価が上がらないことよりも下がることのほうが深刻です。ですからプラスの場合の上げ幅よりも、マイナスの場合の下げ幅を重視する必要があります。評価が上がらない不満が積もれば次第に退職につながるのは確かですが、評価が下がる不満は徐々にではなく、自発的な退職を誘発しかねません。

例えば、同程度の業務内容を行うトラック会社が2つあるとして、A社ではトラック運転手の基本給が30万円であり、運転手が配送ミスや輸送の遅れなどをするたびに給与が減っていく仕組みだったとします。どの運転手もまったくミスをしないということはあまりなく、月に平均2万円分の減額を受けるとすると、受け取れる給料は平均で月28万円です。

一方、B社の基本給は25万円です。同社では運転手が安全運転を心掛けたり、時間どおりに配送できたりしたときに手当を出します。手当の平均額は月3万円程度で、受け取れる給料は月28万円です。

A社、B社ともに、受け取れる給料の金額は一緒ですが、両社で働く運転手のやる気は一緒なのか考えてみると、B社のほうが高いモチベーションを保って仕事に取り組めるのです。

ただし、ポイントはあくまでも明確に、シンプルにして、結果的には全員がとるべき手当をとれるように調整する配慮が必要です。不公平感を呼ぶという成果主義の弱点につながり兼ねませんから、あくまでもポジティブな評価をしつつ、従業員の満足度を安定させることを大事にしておかなければなりません。評価制度や人事体系は、ちょっとした工夫でガラリと効果が変わります。働く側がポジティブにとらえられる仕組みをうまく提供することができれば、職場の雰囲気は格段に良くなります。

「時代遅れの手当」を再検討せよ

モチベーションアップのために給与を調整しようとするとき、工面に苦悩する中小企業経営者は少なくありませんが、場合によっては現在実施している手当を廃止し、新しい評価制度を導入することも検討すべきです。廃止すれば一時的に反感が生じる不安はありますが、同じ金額を配分するのであれば、より狙いどおりの効果につながる運用をするほうがいいのは明らかです。

給与体系を見直すにあたって手当を焦点とする場合、既存の手当のなかにはすでに時代遅れになっているものもあるため、そこに着目する意味は大いにあります。その代表格が「皆勤手当」です。

皆勤手当という制度が生まれたのは、第二次世界大戦終結から間もない頃でした。当時はまだ敗戦のダメージが大きく残り、社会的なインフラが未整備で混乱した状態が続いていました。会社に毎日出勤することのハードルが今よりずっと高く、従業員全員がそろって働くことが難しかったため、皆勤手当を出すことで出勤率を上げようという狙いがあったのです。しかし現在は働き方の多様化も進み、全員が出勤しなければいけないという会社の形は失われてきています。そこで私としては、この制度を全廃し、その分給与を高めるほうがいいと考えています。

従業員が支払っている家賃の一部を補助する「住宅手当」も、すでに形骸化している仕組みの一つです。住宅手当はもともと、戦後の混乱した時期に住宅事情が十分に整わず、また多くの人が仕事を求めて都市部に押し寄せているような状況下で生まれたものです。十分な社宅を用意することもできず、社宅に入れなかった従業員を救うために提供されたのです。今は数十年前に比べれば住環境が整って、社宅に住みたいと考える人のほうが減っています。また、持ち家のローンを払っている人に対しては住宅手当が出ていないケースも少なくなく、従業員の間で不公平感を生む危険性も高いといえます。そこで住宅手当も廃止し、基本給への組み入れを検討すべきです。

一方、現在でも正当性のある手当もあります。例えば、家族手当です。子育てにはお金がかかります。ヨーロッパなどでは国家が育児に対して手厚い支援をしていますが、残念ながら日本ではそこまでの水準には達していません。そこで、企業が家族手当や子ども手当などを支給し、子育て中の従業員を支えるのは立派なことですし、それが従業員を会社につなぎ止めるカギになることもあります。また、理由も内容も明確ですから、いたずらに不公平感をあおる心配はまずありません。

「資格手当」も導入を推薦したい手当の一つです。皆勤手当のような「もらえるのが当然の手当」は、仮に病欠などがあって休んだ場合、「本来もらえるものがもらえなくなった」ととらえられ、従業員のモチベーションダウンにつながってしまいます。一方、資格手当のような「ポジティブな評価を与える手当」であれば、従業員のやる気を上手に引き出すことができます。また、資格の有無は主観の入り込む余地がないため、業績のように不公平感を生むことがありません。

ただし、従業員に資格や技能を身につけさせる際に、気を付けておきたいことがあります。それは、資格取得にかかる費用や社外研修費の扱いです。

従業員のスキルアップは企業の成長に直結します。ですから少なくない企業が資格取得補助制度を設けたり、社外研修の費用を肩代わりしたりしています。ところが、せっかくスキルアップの手助けをしたのに、その従業員がすぐに退職したのでは企業としては泣きっ面に蜂です。特に、IT系や法律関係の分野では、資格取得に数十万円規模の費用がかかるケースもあるため、問題は深刻です。

そこで大切なのは、資格取得や研修受講などを望む社員がいる場合、上司などの認可を得たうえで、企業がその費用の全額あるいは一部を無利息で貸与すると定め、資格取得や研修終了から一定期間以上勤務した人は返済が免除される一方、一定期間内に退職した人には費用の返済を求めるという仕組みをつくることです。返済免除を認める期間としては、2～3年程度が適切かと思います。そうすれば、優秀な人材の引き留めにもつながりますし、従業員のモチベーション維持にも効果を発揮するはずです。

社内の「人口ピラミッド」を適正に保つ

社員がモチベーションを保つ環境を考えるときに、意外に見落としがちなのが年齢の偏りです。中小企業では中途採用が中心になっているケースも多く一律には言えない側面もありますが、社員同士の関係性や距離感が働きがいにも直結する以上、気を配るべき要素であることに違いはありません。

一般に、企業が持続的に成長するためには、社員の年齢層を適切な状態にすることが大切です。社内の「人口ピラミッド」がどうなっているのか、常にチェックしておくことが重要です。

企業の人口ピラミッドには、大きく分けて3つのタイプがあります。

危険なのは、③のつぼ型です。ベテラン社員が多いことで企業運営は安定するのです

① ピラミッド型	② 釣り鐘型	③ つぼ型

年齢の高い社員は少なく、若手社員が多いタイプです。経営規模を拡大し、若手を積極採用している企業によくあるパターンです。	年齢の高い層と低い層との間に、人員数のバラツキがさほど多くないタイプです。毎年の採用数が安定しており、退職者数も少ない企業がこのような人口ピラミッドになります。	40～50代の層は分厚いのに、若手社員が少ないタイプです。この傾向が極端になると、「逆ピラミッド型」とでも呼びたくなるような年齢構成になるケースもあります。

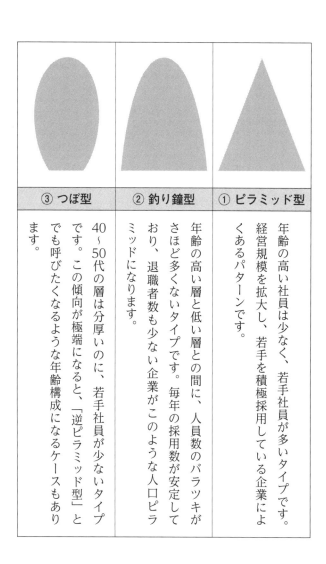

が、会社の将来を背負う若手層が薄いため、未来に大きな不安が残ります。そして何より恐ろしいのが、若手社員の成長が鈍化してしまうことです。

後輩を指導することは、ビジネスパーソンにとって大きな成長機会です。後輩に間違った知識を教えてはなりませんから、自分がこれまでに行ってきた仕事の手順を再確認し、知識不足やあいまいな点があれば学び直す必要があります。また、後輩の前で失敗するのは恥ずかしいことですから、以前より質の高い仕事をしようと意識が変わることも期待できます。つまり、後輩を指導することで、若手は自分自身を成長させることが可能なのです。ところが、つぼ型や逆ピラミッド型の企業では若手の数が少ないため、後輩を指導する機会がどうしても少なくなってしまいます。そのため、社員の成長度が頭打ちになりやすいのです。

社員の採用にはコストがかかりますし、若手が一人前になるまでにはそれなりの時間がかかります。そのため、特に不況期には採用を怖がる経営者が多いものです。しかし、そういう時期にも適切な人数を採用して社内の人口ピラミッドを適切に保つことが、若手の成長を促し、企業自体の成長ももたらすのです。

「SDGs」を意識した経営で社員の達成感を満たす

SDGsとは「Sustainable Development Goals（持続可能な開発目標）」の略です。2015年に国連で採択され、加盟193カ国が2030年までに達成することが掲げられました。このなかには、「貧困をなくそう」「質の高い教育をみんなに」「働きがいも経済成長も」「気候変動に具体的な対策を」など、全部で17の目標があります。そして目標ごとに具体的なターゲットが設定され、実現に向けた道筋が示されています。

各国がSDGsへの動きを加速するなか、企業にもCSR（Corporate Social Responsibility の略。企業が果たすべき社会的責任）への取り組みが求められています。なかでも注目度が高まっているのが「ESG」です。これは環境（Environment）、社会（Social）、ガバナンス（Governance）の頭文字をとった概念で、特に投資の世界では投資対象のリスク要因を図る指標として認識が広がっており、ビジネスパーソンとしてはある意味でSDGs以上に注目すべきものになっています。企業が持続的成長を遂げるためには、利益だけを追求するのではなく、環境・社会・ガバナンスという3要素への配慮が欠かせず、この取り組みが認められない企業は、長期的にリスクが高いとみなされるのです。

国際組織のGSIA（世界持続可能投資連合）によれば、2012年における世界のESG投資額は13・6兆ドルでした。ところが、2016年には22・9兆ドル、2018年には30・7兆ドルと拡大しています。日本でも、2016年の0・5兆ドルから2018年には2・2兆ドルと急増中です。

今後は、大手企業はもちろん中小企業にも、ESGのみならず、SDGsへの注力が大切になります。この分野に力を入れ、社会的に認められる存在にならなければ、企業の成長はあり得ないのです。SDGsにしっかり取り組んでいると認められれば、資金調達や、取引先からの信頼獲得などの面でかなり有利になります。また、社員のモチベーションアップにも効果があります。

企業経営者の立場で取り組みやすいことの一つとして、自社の利益の一定額を貧困撲滅プロジェクトや団体に寄付することが考えられます。寄付先は、ユニセフ（国際連合児童基金）やワールド・ビジョンなどの国際機関でも、国内機関でも構いません。自社が社会的責任を果たし、貧困撲滅支援に一役買っていると意識できれば、社員に強い誇りを生み出します。

若い世代の間では、学校やテレビの影響でこのようなＳＤＧｓやＥＳＧなどに対する関心が高まっており、就職先を探すうえでもその取り組みを重視する傾向にあります。もちろん、まだこれから社会の荒波に乗り出す彼らが、働き始めた先もそういった意識をもち続けるかどうかは分かりません。ただこのことから一つ考えられるのは、自分が勤める会社がそのような活動を取り入れていることを家庭で子どもたちに話すとき、子どもたちから返ってくる好意的な反応があったとしたら、それは間違いなく従業員の誇りを高めるということです。

ＳＤＧｓには社員の健康を守ることも含まれます。新型コロナウイルスの感染が広まるなか、いち早く社員の健康に配慮する取り組みを行った企業は、自然と公衆衛生への意識が高まります。その結果、取引先をはじめとする関係者の健康を守る姿勢が強まっていきますし、同時に、ムリ・ムダ・ムラが全社的に減っていきます。そうした姿勢は社外から必ず評価され、安定したサプライチェーンの維持をもたらすのです。

出典：国際連合広報センター

こうした取り組みは、きちんと広報しておくことが大切です。例えば社内の場合は、掲示板で告知してもいいですし、朝礼や部内のミーティングなどで、上司から部下に伝えさせても構いません。一方、社外に広報したい場合は注意が必要です。企業のウェブサイト上で大々的に告知すると、いやらしいイメージを与える危険性があるからです。「○年度は○○団体に、○円寄付しました」などの告知を、来客者の目に触れる場所に、さりげなく掲示しておくくらいがクールです。

他企業と人材を融通し合って人余り・人手不足を解消する

飲食業や観光業などでは、コロナ禍によって、休業や営業時間の短縮を余儀なくされました。その結果、人余りに陥って、従業員の解雇や雇い止めに踏み切る企業は決して珍しくありません。

こうしたなかで注目されているのが、「雇用シェアリング」という考え方です。

コロナ禍によって人手不足に陥っている代表格として、料理を一般家庭に配達するフードデリバリー業があります。「巣ごもり需要」が高まり、多くの人が宅配料理サービスを利用したことで、出前館やＵｂｅｒ Ｅａｔｓといった企業は売上額を大幅に伸ばしました。また、ＩＴ業界やゲーム業界、通販業界なども巣ごもり需要に後押しされて成長しています。

そこで、人余り状態の企業から人手不足の企業へ従業員を出向させ、互いの課題を解消しようというのが雇用シェアリングの狙いです。私の顧問先でも、人手不足の企業が人余りの企業に人材を融通してもらい、売上アップに成功した事例が複数あります。

一般的には、従業員は出向元の企業に在籍したまま、出向先の企業が人件費を支払うという形になります。

出向元のメリットは、貴重な人材を解雇せず、人件費の負担を減らせることです。コロナ禍など一時的な事情で人余りに陥っても、いずれは状況が改善されて人材需要が回復する日がやって来ます。そのとき、自社で育てた従業員が出向先から戻ってきたら、大きな戦力になります。

一方、出向先のメリットは、採用の手間やコストを抑えながら人材を獲得でき、しかも、余剰人員を抱える危険性を避けられることにあります。新規に人材を採用しようとすると、求人広告の出稿や採用・面接などに多大なコストや手間がかかってしまいますし、コロナ禍が収束して人材需要の偏りが解消されたとき、余剰人員を抱えてしまう危険性もあります。しかし、雇用シェアリングならそうしたリスクを小さくすることが可能です。

そして従業員にとっても、雇用が守られるというメリットがあります。また、他業界で働くことで、新たな気づきが得られたり、出向元企業で役立つスキルを身につけたりすることも期待できます。雇用シェアリングは、企業と従業員の双方にとってメリットがあるのです。

こうしたニーズを受け、国や地方自治体もバックアップに乗り出しています。例えば沖縄労働局は2020年12月、出向元と出向先企業の双方に賃金や経費面で支援を行い、雇用シェアリングを促進する助成金制度をスタートしました。また、北海道では、観光客の激減で人余りに陥っている企業と、農業など他業界の企業とをマッチングする「北海道短期おしごと情報サイト」を開設しました。このような制度の後押しもあり、雇用シェアリングはさらに拡大すると考えられます。そして東京労働局は「東京都在籍型出向等支援協議会」を設置し、地域の経済団体、労働団体、金融機関、出向支援機関、関係行政機関などと連携して、雇用シェアリングにまつわる情報やノウハウの共有、人材の送出企業や受入企業の開拓などを推進しています。

ただし、雇用シェアリングについては社内制度の整備が不可欠です。出向先企業が社員の給与を支払う際、給与額は出向元と出向先のどちらの基準に従うのかといった問題がありますし、昇給やボーナスの取り扱い方はどうするのか、各種保険の負担はどちらの企業がするのかなど、細かな部分まで定めておく必要があります。また、出向元企業としては、慣れない職場に出向する社員のメンタルケアも欠かせません。出向先企業だけに任せることなく、定期的に社員との面談を行うなどしてフォローする必要があります。

雇用シェアリングはまだ始まったばかりで、進め方については手探りの部分が多々あります。そのため、専門家と相談しながら、きちんと制度を構築することが重要なのです。

外国人向けのマニュアルを整備して人材定着をもたらす

グローバル化が進み、日本で生活する外国人の数は右肩上がりの傾向です。出入国在留管理庁の「令和元年末現在における在留外国人数について」によれば、2012年の在留外国人数は203・4万人ですが、2019年には293・3万人にまで増加しました。これに伴い、外国人労働者数も伸びています。厚生労働省の「『外国人雇用状況』の届出状況まとめ」によると、2012年の外国人労働者数が68・2万人だったのに対し、2019年には165・9万人と2・5倍近くになっています。当然、中小企業にとっても外国人労働者を採用する機会は増えているはずです。飲食業や製造業などでは、外国人労働者がいなければ経営が成り立たないというケースすらあります。

外国人労働者を「人材」から「人財」に育て上げるコツは、日本人労働者と同じです。長期間にわたり、仕事に打ち込める環境を用意することが大事なのです。そこで外国人を受け入れるための生活のサポートを行うことも考えてみるべきです。

私の顧問先のなかには、外国人向けの各種マニュアルを整備している企業があります。病院での診察の受け方、市役所での各種申請方法、アパート・マンションの契約・更新のやり方など、外国人がつまずきやすい手続きについて懇切丁寧に教えているのです。こうしたマニュアルは、最初から百点満点のものなど作れません。実際に使ってみた外国人社員から意見を聞き、適宜、中身をブラッシュアップしているそうです。

また別の企業では、外国人社員向けのホットラインを設置した事例もありました。気軽に相談できる窓口を設け、生活で不便なところをフォローしています。

外国人労働者向けのマニュアルと聞くと、ほとんどの人は、仕事のやり方を教えることを連想すると思います。しかし、外国人の生活をサポートするマニュアルを作れば、外国人労働者の定着率を飛躍的に高めることができます。その結果、日本人労働者以上の生産性を発揮するベテラン社員も現れているのです。

なお、日本人と外国人の間で待遇に差をつけている企業もあるようですが、これには賛成できません。

日本人より安い給与で外国人を働かせていると、当然、外国人労働者のモチベーションは下がって生産性は落ちますし、不正行為を誘発する危険性も高まります。

逆に、外国人を優遇すると、今度は日本人労働者が不満に感じるかもしれません。企業によっては、海外進出の強化を目論んで現地語が話せる外国人を優遇して採用したいというケースもありますが、その場合はあくまで外国語が使えるというスキルを評価して給与額を決めるべきで、外国人だから給与を下げる・上げるという考え方は、絶対に避けなければなりません。

日本を訪れる外国人留学生や、日本企業でアルバイトをしている外国人労働者のなかには、優秀な人がたくさんいます。彼らには、母国以外で働くバイタリティやチャレンジスピリット、積極的にスキルを磨こうとする向上心、日本でお金を稼いで一旗揚げようとするハングリー精神などがあるからです。また、彼らのなかには帰国後、母国で社会の中枢になる人もいると思います。そういう人々が日本を好きになってくれれば、日本にとっては実にすばらしいことです。反対に、劣悪な環境で働かせたりして日本にネガティブな印象を与えてしまうなら、実に悲しいことだと思います。

私が懸念しているのは、そもそも人材不足に困って外国人採用を進めている企業に限って、彼らを単なる労働力として「使いつぶす」扱いをしている実態です。生活面のフォローもせず、コミュニケーションもろくにとらず、どうせたいしたことはできないと決めつけて単純労働にのみ従事させ、給料は検討するまでもなく最低賃金を下回るようなやり方が、ごく一部ではありますが、報道などで目にすることがあります。これは倫理的に責められるというだけではなく、経営者としての姿勢が根本的に間違っています。

日本に働きに来る労働者たちは、この国のすばらしい技術を学んで国に持ち帰り、貢献したいという高いモチベーションをもっています。労働者を送り出す国も機関も、その思いは同様です。ところが経営者のなかには、外国人労働者に対して、母国で仕事がないからジャパンマネーを稼ぎに来ている、それを使ってやっているという偏見をもっている人がいます。これは、大変な勘違いだといわざるを得ません。

彼らが帰国したのち、送り込まれた企業では十分な技術を学べなかったばかりか、ひどい待遇を強いられたと広まれば、国も機関も二度とその企業に人を送ろうとはしません。そうなれば、人手不足で困っていたはずの企業は、結局自分で自分の首を絞めたことになるのです。

日本に技術を学ぼうとする人がいることはたいへん喜ばしいことです。受け入れる企業は、その思いに応えて彼らを組織の一員として尊重し、しっかり学んでもらったうえで母国に帰すことで、ここで学びたいという高いモチベーションをもった人材を再び迎えることができる、すなわち、人が定着するのです。反対にその志や日本への期待を裏切り踏みにじるような行為をすれば、企業はもちろんですが、日本のイメージ、あるいは評価を失墜させることになるのです。

ＳＤＧｓでも、人や国の不平等をなくそうというスローガンが掲げられています。自分の会社でも、外国人労働者をサポートする制度を整えてみるべきです。

留学生をメンターにしてモチベーションをフォロー

たとえ適正な待遇で外国人労働者を迎え、マニュアルを充実させて業務に励んでもらっていたとしても、彼らが母国を離れて不安な気持ちで過ごしていることは間違いありません。文化や風習が大きく異なるなかで戸惑うことは多く、何かしたいと思ってもどうすればいいか分からないために、我慢し続けているということは十分にあり得ます。こうしたストレスを外国人労働者の多くは、周囲に理解してもらうことができません。自分のなかで溜め込み、それが思わぬことで不満として噴出したり、健康面の不調に出てしまったりすることもあるため、注意が必要です。

複数の国から外国人労働者を受け入れている場合は特に、それぞれにメンターのような役割の社員をつけてメンタル面を含めたケアをすることができればいいのですが、ただでさえ人材が不足しているうえに、多言語に対応できる人材をそろえることは困難で、なかなかそこまでのフォローはできません。

その一つの解決案として、日本語を学びに来ている外国人留学生をアルバイトとして活用するということが考えられます。就労ビザをもたない留学生は、入国管理の規定により28時間の上限でしか働くことができません。28時間の勤労だけで生活することはできないわけですが、それでも彼らの多くは少しでも働いて足しにしたいと思っています。もちろん、それだけの労働時間しか使えない以上、企業としてもあまりコアに関わるような仕事はさせられません。そこで、週1回2時間など限られた時間で彼らに来てもらい、同じ国から来ている外国人労働者とコミュニケーションをとってもらうのです。そしてその機会に、普段から溜め込んでしまっている不安や不満、要望を吸い上げてもらったり、反対にこちらの意思を伝えてもらったりすることで、相互に理解を深めることができます。また、同じ国の人間同士で話をするだけで、彼らが抱えがちな孤独や閉塞感を解消する助けになるはずです。

仕事に不満がまったくない人というのはなかなかいませんし、海外の見知らぬ土地で言葉もろくに通じないなかで働いていれば、たとえ表に現れていなくてもさまざまなストレスを抱えているはずです。もし自分の母国語が通じる相手が水曜日に来ると分かっていれば、つらいことがあっても水曜日まで頑張ろうと思えるし、それを楽しみにすることがモチベーションの維持につながります。

これはあくまでも一つのアイデアです。留学生の上限28時間という制限がもう少し緩和されればよいのですが、それでもできることはいろいろと考えられるということです。

病気になっても安心して在籍できる仕組みをつくる

人材の定着について考えるうえでは、福利厚生の充実は避けて通れない課題です。もちろん企業の現状によってできることは限られており、大企業のように華々しくあれもこれもとそろえるのは難しいものですが、仕組みを工夫することで社員を大切にする姿勢を示すのは可能です。なかでも病気による長期の欠勤に対するフォローについては、誰にとっても切実な問題であるだけに、うまく仕組みの構築ができれば人材定着の面で高い効果が期待できます。

私が子どもだった頃、がんは「不治の病」と考えられていました。そのため、社員ががんになったら、退職して治療に専念するのが自然だったのです。しかし、今では事情が大きく変わっています。

国立研究開発法人国立がん研究センターがん対策情報センターによれば、2009〜2011年にがんと診断された人の5年相対生存率は、男女計で64・1％（男性62・0％、女性66・9％）でした。つまり、がんになっても3分の2近い人は治療に成功するのです。また、前立腺がん（男性の5年相対生存率は99・1％）や皮膚がん（同94・4％）のように、高い確率で治療できるがんもあります。

つまり、がんになったからといって必ずしも退職する必要はないのですが、現実には多くの人ががんで退職を余儀なくされています。静岡県立静岡がんセンターがまとめた「2013年　がんと向き合った4054人の声（がん体験者の悩みや負担等に関する実態調査　報告書）」によると、被雇用者でがんと診断されてから会社を依願退社した人は30・5％、解雇された人は4・1％もいました。つまり3分の1以上が、がんによって仕事を辞めてしまったわけです。

企業にとって、経験を積んだベテラン社員を退職させるのは実にもったいないことです。1人の社員を採用するためには、求人広告費や面接の手間などのコスト・工数がかかります。そして彼らが一人前になるまで、さらに教育コストが必要になるわけです。莫大なお金と手間をかけて育てた人材をがんで失ってしまうのは大きな損失です。

一方、社員にとっても退職によるデメリットは大きくなります。がんの治療にはお金がかかりますが、会社を辞めたら収入が途切れてしまいます。そして社会とのつながりが薄れてしまい、治療に立ち向かうエネルギーや、復職後の生活に対する希望を失ってしまう危険性もあります。ですから、企業側と社員側の双方が、がんでも仕事を辞めずに済む道を探るべきなのです。

確かにがんになったら、従来どおり働くのが難しくなることもあり得ます。手術をする場合は、前後に長期にわたる入院が必要になります。また、退院後も放射線治療や化学治療を受けるため、定期的に通院する必要があります。もし、長期休職制度や通院用の半休制度などがない場合、社員を社内にとどめることは難しくなります。

がんになった社員から相談を受け、社内に必要な制度が整備されていなかったら、まずはその人と誠実に話し合うことが大切です。その人の積み重ねてきた経験やノウハウを会社が評価していることや、可能な限り長期にわたって勤め続けてほしいことをきちんと伝えます。そのうえで、必要な制度を整備していくのです。

このとき盲点になりやすいのが、職場復帰を目指すためのプログラムです。休職制度を設けている企業はかなり多いのですが、退院後、体力の落ちた社員をうまく復帰させる仕組みを用意しているところは少数派です。

がんの治療には、かなりの期間が必要です。放射線治療の場合は6~8週間かかりますし、抗がん剤治療では最低でも3カ月間、長い場合は3年程度かかることがあります。治療は体力的な負担が重いため、治療期間は時短勤務や、週3日程度の勤務が適切なケースもあります。社員の体力や精神状況などに応じて、柔軟に対処すべきです。そこで、長期的視点で社員を支える仕組みを検討する必要があります。

また、がんになった社員から治療計画についての情報を得ておくことも大切です。治療計画が把握できなければ、社員をどのようにサポートするか検討することも不可能だからです。もちろん、治療計画や社員の病状はプライバシーにかかわる部分ではありますから、ある程度慎重になる必要はあります。しかし、社員と企業が二人三脚で治療に当たるためには、治療計画の共有が欠かせないのです。本人はもちろん、できれば家族の理解もきちんと得たうえで、同意のもとに情報を提供してもらうようにします。

がんになり、苦しんでいる社員を支援することは、長期的に見れば必ず企業の役に立ちます。「ここは人を大切にする会社だ」と社員に認識されることで、社員の定着率や愛社精神は必ず高まります。2人に1人ががんになるといわれているなかで、身近な同僚ががんに罹ったことによって仕事を続けられるかどうかという状況になれば、そのなりゆきが注目されるのが自然です。何より自分が万が一がんになってもこの会社は見捨てないという安心感を一人ひとりが感じ取ることができれば、会社として彼らの信頼や尊敬を勝ち取り、生産効率はもちろん、イノベーションが起きる確率もアップするのです。それは企業利益の増加をもたらし、最終的には企業価値を高めることになります。

［第5章］

「人材が定着する会社」の社長が実践していること10

〈リスクマネジメント編〉

社員のトラブルは早期に防ぐ！

近年、企業とそこで働く従業員との関係は大きく変わっています。それを象徴するのが、企業と個々の労働者が争う「個別労働紛争」の件数が高止まりしている事実です。2002年度の時点で労働局の総合労働相談コーナーなどに寄せられた「民事上の個別労働紛争相談」の件数は62・6万件でした。ところが、2008年度には100万件を突破し、以降、2021年度(124・2万件)まで15年連続で100万件を超えて推移しています。企業と労働者間のトラブルは一向に減っていないのです。

背景のひとつに考えられるのは、FacebookやTwitterなどのSNS、あるいは、5ちゃんねる(旧2ちゃんねる)といったインターネット掲示板の発達です。インターネットが普及する以前であれば、労働者が労働紛争に関する情報を手に入れるのはかなり難しいことでした。しかし今では、SNSなどを通じて情報を容易に手に入れられるようになっています。例えば、Twitterや5ちゃんねるに「不当な理由で会社をクビになった。どうすればいいだろう?」と書き込めば、さまざまなレスポンスが期待できるのです。

労働者が会社でいじめや嫌がらせを受けたり、不当な理由で解雇されたりした場合、労働組合のない企業が増えている昨今では、労働組合を頼ることができません。そこで、インターネットで得た情報を活かし、個人として企業と交渉しようと考える人が増えているのは、自然なことだといえます。

ただし、インターネットを通じて得られる情報のなかには、誤った内容のものが少なくありません。また、インターネット上の情報を歪めて受け取ったり、労働者や自分自身に都合の良いものだけを抽出したりして、企業と争おうとする人もいます。そうした状況もあり、今後も個別労働紛争は大きく減ることはないであろうと、私は予想しています。

「ブラック企業」のレッテルを貼られないよう対策を講じる

個別労働紛争の増加に伴い、企業側にはコンプライアンス（法令遵守）重視の姿勢が強く求められています。規則を無視した結果、労働者との間にトラブルが起こると、企業は大きな損失を被るからです。

その最たるものが、「ブラック企業」というイメージがつくことです。

自分の会社がブラック企業というレッテルを貼られた場合、さまざまなデメリットが生じます。

（1）売上の減少

ある大手外食チェーンは、従業員に違法、あるいは過重な労働を強いた結果、社会から激しい非難を受けました。その結果、来店客数は落ち込んで売上に悪影響を与えました。一般の消費者を対象とした商品・サービスを手掛けている企業の場合、ブラック企業という評判が立つと、不買運動などにつながる危険性が大きくなります。また、ＢtoＢの製品・サービスを手掛ける企業であっても、顧客から取引の停止・縮小を受ける可能性があります。

（2）応募者の質・量の低下

企業に就職を希望する学生や、転職を目指す社会人は、応募先の企業についてあれこれ調べるものです。なかでも利用される頻度が高いのは、検索エンジンです。

現代の検索エンジンでは、キーワードを入力した瞬間、関連するキーワードを予測して提示してくれます。このとき、ブラック企業だという世評が立った企業名を打ち込むと、「株式会社〇〇　ブラック」と、自動的に表示されてしまうのです。こうなると、応募者にはかなりネガティブな印象を与えてしまいます。その分、優秀な応募者を遠ざけ、人材の質・量の低下をもたらしてしまうのです。従業員が過労自殺したある企業では、翌年の新卒社員の質・量が大きく下がったという例もあります。これらも、長い目で見れば、企業活動にかなりのブレーキをかけてしまいます。

(3) 従業員のモチベーション低下

従業員、あるいは元従業員と企業が争いを起こしたら、従業員たちのモチベーションは大きく下がってしまいます。特に、訴え出た同僚の主張が正しく、企業側の主張が間違っている場合、会社への反発が強まる危険性は高くなります。

こうしたなか、企業の負担はさらに増しています。従業員の健康診断やストレスチェックを充実させたり、いわゆる「サービス残業」を全廃して時間外労働に対して正当な報酬を出したりするなど、コスト面でかかる負担はそのまま経営に響きます。また、従業員が労働災害などに巻き込まれないように細心の注意を払い、社内いじめやパワハラ・セクハラが起きないように対策を講じるなど、労働環境の改善には時間も労力も要します。しかしこれらは、そのような負担を覚悟してでも取り組むべきです。

できるだけ早い時期に異変に気づいて労働紛争を防ぐ

個別労働紛争が増えるなか、トラブルをスムーズに解決するための法律・制度の整備が、強く求められるようになりました。

以前は、労働紛争を解決するための手段が裁判しかありませんでした。労働紛争の裁判にはかなりの期間がかかります。労働者、あるいは企業が判決に納得せず最高裁判所まで争った場合、結審まで10年以上かかることもあるのです。これは、双方にとって好ましいことではありません。個人で裁判を行う労働者側にとって、新たな仕事に打ち込みながら裁判を戦うことは極めて重い負担です。一方、企業にとっても裁判に費やす労力は決して小さなものではありません。また、裁判が長期化すれば、企業のブランドイメージも傷つきます。

そこで、まず整備されたのが、「個別労働紛争解決制度」でした。これは、2001年に施行された「個別労働関係紛争の解決の促進に関する法律」に基づいて始められた仕組みです。個々の労働者と企業との間でトラブルが起き、当事者間で解決できなかった場合、都道府県労働局内に設置された総合労働相談コーナーで相談員が法律や制度などの情報提供を行い、自主的な紛争解決を促します。しかし、自主的な解決が困難な場合は助言・指導制度、さらにはあっせん制度へと移行し解決を目指します。この段階で解決できなかった場合は、「労働審判制度」などを利用し、迅速、適正な解決を目指すことになります。

2006年に始まった「労働審判制度」は、個々の労働者と企業との間で起きたトラブルを解決するため、原則3回以内で審判を行うものです。判断を下すのは、労働審判官と呼ばれる裁判官1人と、労働関係の専門知識をもつ労働審判員2人からなる労働審判委員会で、労働者と企業を裁判所に呼んで双方から言い分を聴き、話し合いがまとまるようなら調停を試みます。そして話し合いがまとまれば調停が成立し、手続きは終了します。

話し合いがまとまらない場合は、労働審判委員会が客観的な立場から、事案の実情に即した判断（労働審判）を提示します。

労働者や企業から異議申し立てがなければ労働審判は確定しますが、異議申し立てがなされれば、労働審判は効力を失い、裁判へと移行する仕組みです。労働者や企業が異議を申し立てなければ、審判結果はそのまま成立します。

労働審判制度が整備された最大の理由は、争いの長期化を防ぐことにありました。長期化する危険性もある裁判に対して、労働審判制度は原則的に3回以内で審判が下されます。そのため、早ければ2カ月程度で解決でき、労働者と企業の双方にとってメリットが大きい制度です。

2008年から整備が進められている「社労士会労働紛争解決センター（以下、労働紛争解決センター）」も、個別労働紛争を解決するための仕組みの一つです。

労働紛争解決センターとは、「裁判外紛争解決手続の利用の促進に関する法律（Alternative Dispute Resolution＝裁判外紛争解決手続を略して「ADR法」と呼ばれることもある）」に基づき、トラブルを解決する機関です。社会保険労務士などの「あっせん委員」が労働者と企業のそれぞれから言い分を聞き、適切な和解案を作成して双方にあっせんする仕組みになっています。

個別労働問題が社内で解決できる段階なら、事態は比較的容易な「ステージ1」と呼べるかもしれません。これに対し、総合労働相談コーナーや労働紛争解決センター、さらには労働審判制度に持ち込まれたら、症状がかなり重篤化した「ステージ2」です。そして最終的に裁判になってしまったら、労働者と企業がともに傷つく「ステージ3」となってしまいます。

企業としては、できるだけ初期の段階で異変に気づき、適切な対処をしておくことが肝心です。

社員とのトラブルの傾向を分析する

労働争議では企業側と労働者側のいずれにも原因があるという場合もあり、経営者としてはリスクを最低限に抑えるために、できるだけの配慮をしておくべきです。社員が会社の忠実な「家臣」であった時代はとうの昔に終わり、ネット社会を背景に個人がもち得る影響力は増大していますから、場合によっては会社に思わぬダメージを与え兼ねなくなっています。

とはいえ、たとえ万全をつくしても、問題が起きるときには起きてしまいます。人間が集まって協働している以上、一人ひとりの個性をすべてコントロールすることは不可能だといえますし、なかには、経営側がいかに配慮していてもその枠に収まらない、「困った」社員というのは実際に存在します。

私は経営者から、勤務態度が悪い社員を解雇したいがどうしたらいいのか、社内のセクハラ問題にどう対処すればいいのかといった相談を受けることがよくあります。そして、こうした事例のなかには、企業側にまったく非がないケースもあります。

例えば、ある会社に務めていた女性従業員がうつ病になってしまったという話がありました。原因は、その女性の父親の暴力・高圧的な態度にあったようです。ところが、その父親は職場環境が原因でうつ病を発症したと主張してきました。そして、書類を用意して労災申請を行い、裁判をちらつかせながら企業側に圧力をかけたのです。調べてみると、その父親は無職で、娘の収入に生計を頼っていました。しかし、娘がうつ病になって仕事の継続が難しくなったため、会社からお金を引き出せないかと考えたようでした。

このように、労働紛争にはいろいろなパターンがあります。ただし、景気の動向によってある程度の傾向が表れるというのが私の見立てです。

一般的にいえば、好況期には仕事によるケガが原因でトラブルになるケースが増えます。仕事の量が増え、採用する従業員も増えるからです。その後、景気が後退局面に入ると、解雇・労働条件の切り下げが原因のトラブルが増えます。そして景気の低迷が続いてリストラが一段落すると、解雇案件が減る代わりにパワハラや社内いじめなどが増えていきます。企業経営者や人事担当者は、こうした傾向があることを知っておいて損はありません。常に起こり得るトラブルを予測して先回りした対策ができていれば、思わぬ事態となっても慌てずに済みます。

ハラスメントへの基礎知識を学ぶ

セクハラに始まり、ハラスメントという言葉が浸透して久しいですが、その実態はいじめや嫌がらせであり、ずっと以前からあったものです。ただ、昔からあったから今さら騒ぐのはおかしいというのは考え違いです。かつては見逃されていたような内部的な問題に光が当てられるようになり、個人がそれを訴える環境が整備されてきたことの表れとし

［図表10］　民事上の個別労働紛争相談内容別の件数

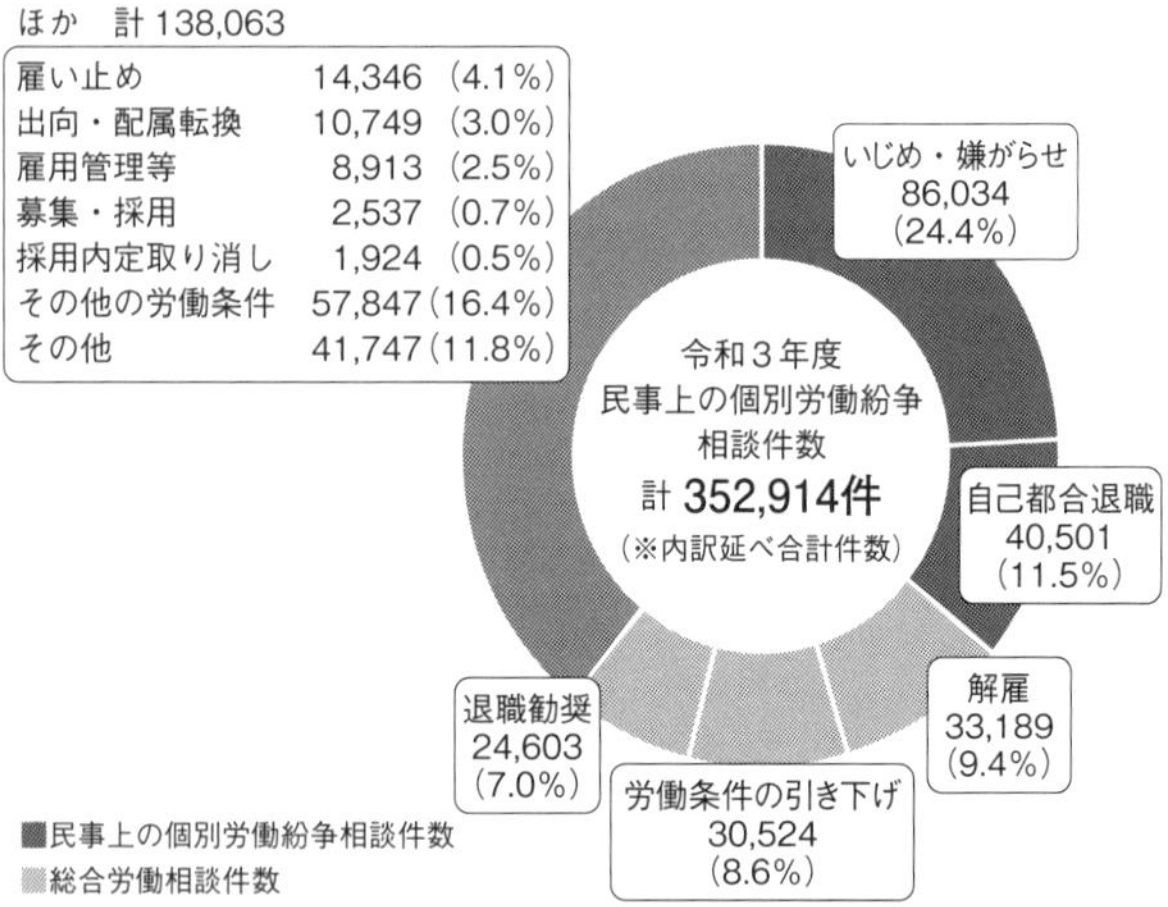

出典：厚生労働省「令和３年度個別労働紛争解決制度の施行状況」

て、新しい言葉が認知され受け入れられてきたのです。昔からあったものだからこそ、その火種を改めてしっかりと意識して監視し、炎上を防がなければいけません。

厚生労働省が公表している「令和３年度個別労働紛争解決制度の施行状況」によると、「民事上の個別労働紛争相談件数」は35万２９１４件でした。このうち、最も多かったのが「いじめ・嫌がらせ」で８万６０３４件、続いて「自己都合退職」が４万０５０１件、「解雇」が３万３１８９件などとなっています。

このように、労働者側から持ち込まれる紛争のなかで最も目立つのが、社内いじめや、さまざまな嫌がらせ（ハラスメント）です。ハラスメントにはたくさんの種類がありますが、なかでも件数が多いのは「セクハラ（セクシャル・ハラスメント）」と「パワハラ（パワー・ハラスメント）」です。

セクハラは性的な嫌がらせのことで、「職場において労働者の意に反する性的な言動が行われ、それを拒否するなどの対応により解雇、降格、減給などの不利益を受けること」（対価型セクシャル・ハラスメント）や、「性的な言動が行われることで職場の環境が不快なものとなったため、労働者の能力の発揮に悪影響が生じること」（環境型セクシャル・ハラスメント）などを指します。男女雇用機会均等法により、企業に対策が義務付けられています。

セクシャル・ハラスメントになり得る言動には、次のようなものがあります。

●性的な言動

スリーサイズを聞く、聞くに堪えない卑猥な冗談を言う、体調が悪そうな女性に「今日は生理日か」などと言う、性的な経験や性生活について質問する、性的な噂を立てたり性的なからかいの対象にしたりする、性的な関係を強要するなど。

●性別により差別しようとする意識に基づく言動

「男のくせに根性がない」「女には仕事を任せられない」「女性は職場の花であればいい」などと発言する、部下などを「男の子・女の子」「僕、お嬢さん」「おじさん・おばさん」と呼ぶ、など。

●性的な行動

ヌードポスターなどを職場に貼る、雑誌などの卑猥な写真・記事をわざと見せたり読んだりする、体を執拗に眺め回す、食事やデートにしつこく誘う、性的な内容の電話をかけたり性的な内容の手紙・Eメールを出したりする、体に不必要に触れる、浴室や更衣室などをのぞき見するなど。

●性別により差別しようとする意識に基づく行動

女性というだけで、職場でお茶くみや掃除、私用などを強要する。カラオケでデュエットを強要する、酒席で上司の側に座席を指定したりお酌やチークダンスを強要したりするなど。

次にパワハラは、職場において優越的な関係を背景とした言動や行動などで、業務上必要かつ相当な範囲を超え、ほかの社員の就業環境を害する行為のことです。「叩く・殴るなどの暴力を加える」、「同僚の目の前で叱責したり、必要以上に長時間にわたって叱ったりする」、「1人だけ別室で働かせる、送別会に出席させないなど、周囲の人間関係から切り離す」、「同じ書類を何度も書かせるなど業務上明らかに不要な仕事をさせたり、ほかの社員より著しく多い業務量を課したりする」、「それまで第一線で活躍してきた人に営業所の草むしりを命じるなど、過小な要求をする」、「配偶者の悪口を言うなどプライベートに過度に立ち入る」などのパターンが代表的です。

また、職場で問題になるハラスメントはほかにもあります。

・アルハラ（アルコール・ハラスメント）
……同僚や部下に対し、飲酒を強要すること。

・マリハラ（マリッジ・ハラスメント）
……未婚者に嫌みを言ったり、結婚しないことを非難したりすること。

・カラハラ（カラオケ・ハラスメント）
……カラオケが好きでない人に、無理やり歌わせること。

・スモハラ（スモーク・ハラスメント）
……喫煙者が周囲の人を煙にさらしたり、喫煙を強要したりすること。

近年注目されているのが「マタハラ（マタニティ・ハラスメント）」です。従来は、妊娠した女性に対して嫌がらせ・差別を行うことを指していましたが、近年では、育児休業制度を利用しようとする男性社員に対して「男のくせに育児休業を取るのか」などと責める言動もマタハラに含まれています。

このように、特定・不特定多数を問わず、相手を意図的に不快にさせることや、実質的な損害を与えることが原因で労働紛争に発展するケースは、かなり多いといえます。

ハラスメントを防ぐ仕組みを用意する

ハラスメントをなくすための必要な対処として大切なのは、組織のトップがハラスメント撲滅の意思を明確に示すことです。「我が社では、どんなハラスメントも許さない」という姿勢を見せ、全従業員に周知することで、企業内の雰囲気は一変します。

続いて、ハラスメントを防ぐための社内ルールづくりが求められます。ハラスメントに該当する言動の明文化、そしてルールを破った人への厳正な対処方針などについて、就業規則などで定めておきます。また、これらを従業員側に周知し、啓発することも欠かせません。

また、従業員からの相談窓口も設置するべきです。ハラスメントは構造上、上司が加害者で部下が被害者になるケースが多いものです。そのため、部下がハラスメントについて訴え出たいと考えても、上司の顔色をうかがって躊躇したり、上司にもみ消されたりして明るみに出ない危険性が十分にあります。そこで、メールなどで相談できる窓口を設置し、気兼ねなく訴えることのできる環境を用意することが大切です。その際、相談者のプライバシーを守ったり、問題発覚後に事実関係を正確に把握したりするための手続きを定めておくことも忘れないようにします。

そして万が一、社内にハラスメントが起きてしまった場合、再発を防止するための社内研修・講習などを実施することが必要です。また、就業規則などの修正や、社内組織の変更なども模索します。

こうした対応をするうえで一つ大事にしたいのは、できるだけ早く行うということです。詳細を詰めるのに時間がかかる場合でも、会社として事態を受け止め対応しようとしていることを、可能な限り即座に表に出すべきです。それがない期間というのは、社員や外部から見れば問題を放置しているに等しく受け取られてしまいます。そうなると、せっかくの練り上げた対応策も効果的に響きません。短文の社内メール一本でもいいので、大まかな方針を打ち出し全社を挙げて改善に取り組む意思を示しておくことが、その後の対策の成否を左右し兼ねないのです。

一方、被害があったのにもみ消しを行ったり、事実関係の調査をおろそかにしたりしてはは絶対にいけません。感情を害した従業員が訴訟を起こし、企業にさらに大きなダメージを与える危険性があるからです。また、対処を当事者任せにするのもＮＧです。被害者が企業に対し、使用者責任や職場環境配慮義務違反の責任を追及するかもしれません。ハラスメント問題は加害者と被害者だけの問題ではなく、あくまで全社の問題なのだと肝に銘じておくことが大切です。

２０１９年の国会で、「女性の職業生活における活躍の推進に関する法律等の一部を改正する法律」が成立しました。これにより、「労働施策の総合的な推進並びに労働者の雇用の安定及び職業生活の充実等に関する法律」が改正され、事業主には職場でパワハラ防止対策をとることが義務付けられています。

また、男女雇用機会均等法や育児・介護休業法においても、セクシャル・ハラスメントや妊娠・出産・育児休業等に関するハラスメントに関わる規定が一部改正されました。これまでも義務付けられてきた職場でのハラスメント防止対策に加え、ハラスメントについて相談した人に不利益な取扱いをしてはいけないことが決められたり、国や事業主、労働者の責務が明確化されたりしています。そして、パワハラに関する雇用管理上の措置義務については、中小事業主においても2022年4月1日から義務化されています。

パワハラ対策は中小企業を含めたすべての企業にとって、「絶対に取り組まなければならない義務」となっているのです。

実践編

私は社会保険労務士として、顧客企業からたくさんの相談を受けます。なかには年に数回、あるいは数十回も耳にするようなものもあり、ここで中小企業にありがちな悩みを取り上げます。

従業員から突然、パワハラの訴えが届いた

【相談内容】

私は精密板金や大型板金の技術を活かし、金属加工を手掛けている企業の経営者です。

先日、製造部門で働いている20代の従業員Aから、直属上司であるBのパワハラを訴えるメールが届きました。仕事中に怒鳴られて精神的なダメージを負ったので、一時的な休職を認めてほしいということ、そして、直属上司と異なる部署に異動したいという2点が若手従業員の要望でした。

Bは製造部門のリーダーで、ゆくゆくは幹部への登用が予定されているほどの人物です。とてもではありませんが退職させることなどできません。一方、Aも将来有望な若手で、できれば当社で活躍し続けてほしいと思っています。いったい、どのように対処すべきか教えてください。

【回答】

パワハラをはじめとするハラスメントに対しては、「ハラスメントが起きない仕組み」をあらかじめ構築しておくことが大切です。しかし、十分な準備をしたつもりでも、実際にハラスメントが起きる危険性は否定できません。また、本当はパワハラなど受けていないのに、不届き者の部下が無理やり訴えを起こすケースもあるのです。

まず手をつけるべきは、実際に何が起こったのかを確かめることです。面倒だからといって放置してしまうと、職場環境配慮義務違反に問われて損害賠償の対象になる危険性が高まります。そこで、できるだけ早く社内で調査委員会のような組織を設置し、関係者に対して聞き取り調査を行います。

調査委員会には、役員クラスを必ず1人は入れます。また、AやBが属している部門のトップと、人事部門のトップ（人事部長など）も入れます。そして可能であれば、顧問弁護士や顧問社労士といった外部の専門家も参加させると、調査に客観性が出てさらに良いです。専門家を調査委員会に加えるのが難しいのであれば、進捗を常に報告して助言をもらうというスタイルでも構いません。

調査を行う際には、訴えを出した側の意見から聞き取ります。相談者はほとんどの場合、大きな不安を抱えていますし、会社に対して不信感を抱いているケースも多いため、まずは緊張をほぐしてあげることが大切です。そこで、1度だけの面談で済ませようとせず、十分な時間をかけてヒアリングを行います。相談者側はもちろん、聞き取りを行う調査委員会の担当者も、こうしたケースに不慣れであることがほとんどです。あとで「1度だけの面談では、事実関係やこちらの思いをしっかり伝えられなかった」という悔いを残さないためにも、ヒアリングは複数回行うべきです。また、訴えた側の意見がすべて正しいとは限らないことも、認識しておくことが重要です。訴えられた側を「犯人」と決めつけたりせず、まずは公平な立場で客観的な事実の把握に努めるべきです。

このときに大切なのは、訴えた側がパワハラの訴えを出したことを、Bに対してオープンにしてもよいか正確に把握することです。もし、訴えをBに対してオープンにしてよいのであれば、調査委員会はBからもヒアリングを行い、必要であれば同僚など周囲の話も聞き取って事実を確認します。そして、それに基づいた対処をするのです。

パワハラが事実であれば、加害者に対してきちんと対処をする必要があります。仮に将来の幹部候補であっても、手心を加えず被害者への謝罪をさせたうえで、必要に応じて懲戒処分や配置転換などを行う必要があります。一方、Bの行為がパワハラとはいえないケースもあります。例えば工場の生産部門では、ちょっとしたミスで大事故を引き起こす危険性があります。BがAに対し、危険を喚起するために大声を出してしまったのであれば、Bの行為にはある程度の正当性があったと考えられます。そこでAには、Bの暴言はあくまでAを思いやってのことだったと説明します。またBに対しては、たとえAに危険を喚起する目的であっても、大声を出すことは問題とされる危険があることや、その後のフォローによって叱責の印象が大きく変わることなどを説明するのです。こうすることで、AとBとのわだかまりが解消できるかもしれません。

私の経験上、パワハラはどちらか一方が１００％悪いというケースはあまりありません。仮に暴言があっても、その背景にはなんらかの事情が潜んでいることが多いのです。企業としては、あくまで公平な立場で事実を見極めながら、相談者と訴えられた側が上手に和解できるように導くことがベストです。

一方、Aがパワハラの訴えをBに対して内密にしてほしいという要望があると、事態は複雑になります。Bに対し、直接ヒアリングや指導を行うことが難しくなるからです。この場合は、Bが自分の言動に落ち度があったかもしれないことに自然に気づくよう、Bを含めたメンバーに対して研修を行うのが有効です。これはBの行動変容をもたらすためだけでなく、企業側がパワハラに対してきちんと努力しているとAに伝えるためでもあります。こうした姿勢がAに伝われば、Aが訴訟などに踏み切るリスクは小さくなります。

もし、研修を行ってもBの言動に変化が見られなければ、もう少し踏み込んだ対応が必要になります。例えば、全社を対象に「あなたの部署でパワハラはありませんか?」などのアンケートを行い、それを基に、部下への態度を変えるようBに求めるのです。こうすれば、AからBに対してパワハラの訴えがなされている事実を公にせずに済みます。大切なのは、Aがパワハラの訴えをBに対して内密にしたい場合、その希望を絶対に裏切らないことです。

ハラスメントの被害者が精神を病んで退社に追い込まれたりすると、被害者の人生に深い傷を与えてしまいます。また企業の側も、莫大な賠償金の支払いや企業イメージの失墜などの危険性があります。ですから、普段からハラスメントが起きないように工夫することが大切です。そして、万が一ハラスメントが起きてしまったら、迅速に、そして公平に対処しなければならないのです。

従業員が突然出社しなくなったら

【相談内容】

日用品を大手小売店などに卸している専門商社で、人事を担当しています。

営業部門の従業員Cが無断欠勤を続けています。上司や人事部から何度も連絡を入れているのですが、電話には出ませんし、メールへの返信もありません。ただ、その人はフェイスブックやインスタグラムに投稿をしていて、亡くなったり事故にあったりしているわけではなさそうです。

Cは以前も、無断欠勤をしたことがありました。そのときは反省を口にしていたのですが、今回の件で、勤務態度の改善は難しいと考えています。そこで解雇する方向で考えているのですが、どのような手順を踏むべきか教えてください。

【回答】

無断欠勤を繰り返すなど勤務態度に問題のある社員は、企業にとって悩みの種です。ただ、安易に解雇しようとするのはよくありません。社員を解雇することは、企業にとってダメージになる危険性があるからです。雇用調整助成金の例でいえば、一定期間内に解雇者を出した企業の場合、給付される雇用調整助成金の助成率が低くなるなどの影響が出てしまいます。また、高齢者や障がい者、母子家庭の母などの「特定就職困難者」を雇用した際に対象となる「特定求職者雇用開発助成金」は、対象労働者の雇い入れの日の前日から起算して6カ月前の日から1年間経過する日までの間に、雇用保険被保険者を事業主都合によって解雇したことがある場合は支給対象にならないのです。

助成金を目当てに企業活動を行うのは、本末転倒です。ただ、社員を解雇したことで、助成率の低下を招いたり支給対象外となったりするのは残念なことです。そこで、まずは解雇をせずに済む道がないか検討するべきです。

検討の結果、対象となる社員の解雇が止むなしという結論になったとします。そのときも、いきなり解雇するわけにはいきません。例えば、6日程度の無断欠勤で解雇をし、労働者側から訴えを起こされた場合、過去の判例ではほとんどが不当解雇とされています。どうしても解雇したいなら、きちんと手順を踏むことが不可欠です。

最初に行うべきことは、無断欠勤している従業員への連絡です。携帯電話や自宅の固定電話などに、毎日、連絡を入れます。その際、単に電話をかけるだけでなく、日報などに記録を残しておくことが大切です。また、タイムカードや出勤簿などをきちんと管理し、無断欠勤の事実を立証できるようにしておくことも必要です。タイムカードなどが不備である場合、裁判で無断欠勤を証明できず敗訴する危険性があります。

無断欠勤が2週間以上になっても音信不通の場合、書留など記録されるようなやり方で無断欠勤者に手紙を出し、本人に直接渡るようにします。盛り込むべき内容は、（1）無断欠勤が最終出勤日から数えて2週間以上続いていること（2）無断欠勤によって業務が滞り困っていること（3）会社としては現在、無断欠勤者に自己都合退職の意思があるのではないかと考えていること（4）期限を指定して、一定期間内に返事がない場合は、自己都合退職の手続きをすること　の4点です。

なお、パワハラやセクハラなど企業側に問題があって従業員が無断欠勤しているケースや、事故や病気、精神疾患などが原因で会社に連絡を入れられないケースもあるかもしれません。そこで、手紙を送るのと並行して、上司や人事担当者などが無断欠勤者の自宅を訪問するなどして、できるだけ情報を集めることが大切です。そうして無断欠勤の理由を探るようにすれば、より適切な対処が行えます。

手間と時間をかけて育成してきた従業員が、無断欠勤で退職するのはもったいないことです。また、従業員を解雇すると企業にもダメージが残ります。ただ、無断欠勤するような従業員は、ほとんどの場合、企業への貢献度は決して高くないといえます。仮に雇い続けるのであれば、同じようなことが再発しないよう、人事担当者は全力を尽くすべきです。

「退職代行業者」経由の退職届への対処法

【相談内容】

食品メーカーで、製造部門の部長を務めています。

先日、退職代行サービスを名乗る企業から、部下Dの退職届が送られてきました。書面を読むと、Dの即日退職を認めてほしいこと、Dには出社の意思がないこと、残っていた有給休暇については買い取ってほしいことが記されていました。企業側としては、Dが現在担当している仕事の引き継ぎをしてほしいのですが、どのように対処すべきか教えてほしいです。

【回答】

ここ数年、退職の手続きを代行する退職代行サービスに関する相談が増えました。マスコミでもよく取り上げられており、転職を考えるビジネスパーソンのなかでも認知度は高まっているようです。

こうしたサービスのなかには、弁護士や弁護士法人が手続きを行っているケースがある一方、弁護士資格をもたない人が手掛けていることもあります。弁護士法では「弁護士または弁護士法人でない者が、報酬を得る目的で法律事件に関し、代理・仲裁・和解その他の法律事務を取り扱うことはできない」と定められているため、弁護士資格をもたない退職代行サービスにできるのは「通知」することだけです。退職届などの書類作成、未払い給与の支払い交渉、退職スケジュールの調整といった交渉ごとを、報酬を得て行うことは違法行為です。

従業員本人以外から退職届が出されたときも、企業としては特別な対応をする必要はありません。退職代行サービスから連絡を受けると慌ててしまい、従業員と直接連絡を取ってはいけないのではないかと考える人もいますが、そんなことはないのです。仮に退職代行サービス側からすべての連絡はこちらを通してほしいと言われた場合、退職代行サービスが法的に問題のない組織かどうかを確認すべきです。そして、法的根拠のない組織であれば、引き継ぎなどで従業員と直接会う必要があるなら本人に連絡をしてもまったく問題ありません。あとは通常のケースと同様に、退職に向けた手続きを粛々と進めればよいのです。

退職代行サービスから連絡がきても、退職手続きに関して特別な対策を立てる必要はないのですが、その後については注意が必要です。

ほとんどの社員は、円満退社を望んでいるものです。労働者には仕事を辞める自由があり、退職の意思を示せばほとんどの場合は問題なく退社することが可能です。

それなのに、退職代行サービスに数万円を支払い、あえて出社を拒否したり引き継ぎさえ断ったりするのは、背後になんらかの理由が潜んでいるものなのです。可能性としては、大きく分けて2つあります。

1つ目は、退職者が仕事上でなんらかのトラブルを抱えている可能性です。仕事で大きなミスをした、あるいは、横領などの不正行為を働いているなどの事情があり、会社関係者と直接の接触を避けているなどのケースです。この場合は、そのまま放置しておくと事態はさらに悪化しますので、できるだけ早く背景を把握するように努める必要があります。例えば、直属上司などが退職者の仕事ぶりを洗いざらい確認するなどして問題点がないか確かめなければなりません。

2つ目の可能性として考えられるのは、職場環境に問題があるケースです。上司が部下に対して日常的にパワハラやセクハラを行い、部下がおびえて出社を拒否するケースはかなり多いものです。そこで、退職代行サービスを使う人が現れたら、その部署になんらかの問題がないか確かめる必要があります。もし、パワハラなどが日常的に行われているなら、その原因を取り除く必要があります。そうしなければ、退職者が続出したり、その部門のモチベーションが激しく下がったりする危険性が高いからです。

退職代行サービスからの通知を受け取っても、慌てずに冷静に対処することが肝要です。

「振替休日」と「代休」の扱いを誤らない

【相談内容】

飲食業を営む企業で総務を担当している者です。

ある時期に業務が忙しくなることが予想されたので、従業員に対し、もともと休日であった日に出勤してもらう代わりに、出勤日だった日を振替休日として休みを取るよう伝えました。ところが従業員から、これは振替休日ではなく代休のため、割増賃金が発生するのではないかと指摘されたのです。このまま、振替休日として処理すべきなのか、それとも、従業員が指摘してきたように、代休として扱うべきか教えてください。

【回答】

結論からいえば、このケースでは「振替休日」として扱って問題ありません。割増賃金は発生しません。

振替休日と代休は混同されやすいのですが、両者は明確に異なります。厚生労働省によれば、それぞれの定義は以下のとおりです。

●振替休日……あらかじめ休日と定められていた日を労働日とし、そのかわりにほかの労働日を休日とすることをいう。これにより、あらかじめ休日と定められた日が「労働日」となり、そのかわりとして振り替えられた日が「休日」となる。従って、もともとの休日に労働させた日については「休日労働」とはならず、休日労働に対する割増賃金の支払義務も発生しない。

●**代休**……休日労働が行われた場合に、その代わりに後日、出勤日を休みとするもので、前もって休日を振り替えたことにはならない。従って、休日のまま働かせたことになるため、割増賃金の支払いが必要となる。

噛み砕いていえば、休日出勤する日程と、その代わりに休む日程が事前に決まっている場合は「振替出勤」・「振替休日」となります。一方、休日出勤をした人が後日、別の日に休みを取った場合は「代休」となるのです。両者を分けるのは「事前」というキーワードです。振替休日の場合は、事前に出勤日と休日を入れ替えていたため、休日手当の割り増しは必要ありません。一方、代休の場合は休日に出勤した扱いになるため、割増賃金が発生するのです。

振替制度はあくまでも、一賃金支払期のなかで処理することを原則として考える必要があります。

総務担当者、あるいは管理部門担当者のなかにも、ときおり振替休日と代休を混同してしまっている人がいます。そして、本来は代休として割増賃金を支払わなければならないケースでも、ほかの日に休んでいるから不要と、通常賃金のままで済ませていることが少なくないのです。しかし、これは明らかな法令違反です。発覚し、従業員側から訴えがなされたら、割増賃金だけではなく、プラスアルファのペナルティを支払うことになる場合もあります。普段から両者の違いをきちんと認識し、正しく手続きすることが大切です。

特に、自社の繁忙期や、インフルエンザの流行などで突然の人手不足に陥りやすい冬期などにはより注意しておくことが重要です。

やむを得ず部門を閉鎖する際の対応

【相談内容】


私は、機械部品を製造する会社を経営しています。

当社には3つの工場があり、それぞれ別分野の製品を生産しているのですが、そのうちの1つがメイン顧客としている企業が、半年後の撤退を決めたのです。そこで当社もやむを得ず、その工場を閉鎖することに決めました。
顧客企業の撤退はマスコミ報道されたため、当社の従業員も、工場が閉鎖されることはすでに知っています。また、工場の人員を他工場ですべて受け入れるのは難しい状況です。それで工場の従業員たちは浮き足立っているのですが、退職者が続出して工場が回らなくなると、半年後まで工場を運営し続けることができなくなってしまいます。どのように対処すべきか教えてください。

【回答】

閉鎖が決まった工場や部門の処遇は、経営者にとって頭の痛い問題です。現場のモチベーションはどうしても低下しがちで、それに伴って生産性も落ちる危険性が高まります。また、それが原因でミスが起きれば、顧客企業に対して信用力の低下をもたらす危険性もあります。
こうしたケースでは、従業員に対して手厚い処遇を行い、モチベーションを維持する取り組みが求められます。例えば、工場の閉鎖日まで勤務した人には割り増しの退職金を支払うことを約束する、あるいは従業員が転職しやすいように有給休暇を取りやすい仕組みを取り入れるなどが効果的です。

閉鎖する工場の従業員を全員雇用し続けられればベストですし、逆に、全員を解雇するということであれば、処遇のやり方は分かりやすいといえます。問題なのは、一部の従業員だけを雇用し、残りを解雇するケースです。この場合は、誰を解雇し、誰を雇用し続けるかの基準を明確にしておく必要があります。

企業が従業員を解雇する場合、大きく分けて3つの理由があります。1つ目は、労働契約に違反したことなどで行われる「普通解雇」、2つ目は、従業員が法令違反や企業秩序を大きく乱す行為などをして行われる「懲戒解雇」、そして3つ目が、業績悪化などを理由として行われる「整理解雇」です。会社側の一方的な都合で行われる整理解雇については、①経営上の人員削減の必要性が存在すること　②解雇回避努力を尽くしたこと　③人選の合理性があること　④労働者と事前に説明、協議を誠実に実施したこと　という4要件を満たすことが必要です。そして、③の「人選の合理性」が、経営者の前に高いハードルとして立ちはだかります。

人選を決める際、「加点主義」だとうまくいきません。働いている部門、そして顧客や市場の環境によって有利・不利が出てしまうからです。例えば営業職の場合、大きな既存取引先をもっている人は有利になりますし、新規営業部門の担当者は不利になってしまいます。そこで、「減点主義」を採用するほうが、多くの人に納得してもらいやすいものです。過去に懲戒の対象になった人、顧客からのクレーム件数が多い人、遅刻や無断欠勤が多い人など、負のデータを客観的に示せる人を解雇対象にします。

経営者や管理職の人には、自分のお気に入りの人だから、仕事ができる人だからなどの理由で採用し続ける人と解雇する人を線引きする人がいます。しかし、そのようなあいまいな理由で判断すると、不当解雇として訴えられる危険性が高まるので注意が必要です。

解雇は最終手段です。他部門で受け入れ先を探す、取引先への紹介など、解雇回避への道を探ることが大切です。

おわりに

企業の経営資源は、人・モノ・金・情報の４つだといわれます。最近では、これに時間と知的財産を加えた６つを挙げられるケースもあります。

このなかで最も重要なのは、なんといっても「人」です。どんなに優れた製品や技術をもち、十分な資金をもっていても、人を大切にしない企業は、絶対に長続きなどしません。もちろん、企業経営者や部下を指導する上司には、時として社員に対して厳しいことを言わなければならないこともあります。しかし、根本に誠実さと愛情をもって社員に接することが、企業に持続的成長をもたらすのです。近年、世界的に注目を集めているＳＤＧｓでも、企業を成長させつつ社員の働きがいや幸福を最大限追求することが求められています。

誠実さと愛情は、社員だけに向けるべきものではありません。社外に対しても発揮しなければならないのです。例えば今後は、強制労働によって得られた原材料を使っている企業や、下請け企業に無理難題を押しつけて利益を貪る企業などは、消費者からそっぽを向かれてしまいます。ここでも、人を大切にする姿勢が必要になっているのです。

私が社会保険労務士として顧客企業に繰り返し強調しているのは、どんなに経営が苦しくても、絶対に反則を犯さないという姿勢の大切さです。たとえコロナ禍で厳しい状況に追い込まれていても、ルールを守って社員たちを大切にすべきです。そうした企業や上司の姿勢は必ず部下たちに伝わります。そうすることで、社員の努力のベクトルが一つの方向にまとまり、大きな力が発揮できるのです。また、社外に対してもフェアでなくてはなりません。

この本では、人材を定着させるために社長が実践することを紹介してきましたが、社長だけでなく次期社長や経営層、管理職の人にも読んでもらいたいという思いがあります。一方で、企業経営者や管理職の皆さんにとって耳の痛い話もあったかもしれません。なかには、「きれい事だけでは会社は成り立たない」と反発したい人もいるかもしれません。

それでも、苦しい状況におかれてもルールを守り、社員や社外のステークホルダーを大切にしている企業は存在しているのです。そして、そうした企業のほとんどは、成長を続けています。

私が普段から心掛けているのは、「人と企業のパートナーであり続ける」ということです。企業と、そこで働く社員の方々から常に頼られるような存在であろうと努力していま す。そのためには、時に耳の痛い話をすることもあります。必要なアドバイスをはっきりと伝えることが、社会保険労務士の役割だと信じているからです。

これからの企業は、儲け至上主義から脱却しなければ生き残れません。人を尊重し、大切にする方向へと舵を切らなければならないのです。そしていち早くそれに成功できれば、消費者や取引先から選ばれ、成長することが可能になります。私はこの本を通じて、ひとりでも多くの人にその事実を知っていただきたいと考えています。

社会保険労務士法の第一条には、「この法律は、社会保険労務士の制度を定めて、その業務の適正を図り、もつて労働及び社会保険に関する法令の円滑な実施に寄与するとともに、事業の健全な発達と労働者等の福祉の向上に資することを目的とする」と書かれています。つまり私たち社会保険労務士には、企業と社員、さらに社会全体をより良く変えていく使命があるのです。私もその一員として、今後も企業とそこで働く人々に寄り添い、手助けをしていきたいと考えています。

この本を執筆するにあたって、多くの方々にご支援をいただきました。普段からお付き合いをさせていただき、たくさんの知見を授けてくださった顧問先企業の皆さま。いつも私に力を貸していただいている東京都社会保険労務士会、とりわけ多摩統括支部の方々。私が大学の授業や講演、社会保険労務士会の業務に忙殺されるなか、しっかりと業務を進めてくれている当事務所のスタッフたち。そして、長年にわたって私を支えてくれている妻。そうした皆さまに、心より感謝をお伝えしたいと思います。本当にありがとうございました。

2023年2月　社会保険労務士法人木村事務所　代表　木村辰幸

木村 辰幸（きむら たつゆき）

社会保険労務士法人木村事務所代表。

特定社会保険労務士。東京都社会保険労務士会副会長、東京都社会保険労務士会多摩統括支部統括支部長。

早稲田大学社会科学部卒業後、一般企業で約8年間防衛関連の開発に関わる営業に従事。平成9年4月、東京都立川市に木村社会保険労務士事務所として開業登録。現在顧問先は280社にのぼる。平成21年早稲田大学大学院法学研究科卒業（法学修士）、財政の裏づけをもった社会保障制度について専門性を高める。

人事制度改定支援、就業規則等諸規程作成、人事労務相談顧問、給与計算代行、退職金制度見直しから、各種助成金申請、年金の相談・手続き、マイナンバー制度についてのセミナー講師など、労務に関する幅広い業務を請け負う。『人と企業のパートナー』として、経営者と従業員双方の視点に立った人間味のあるコンサルテーションを実践している。

本書についての
ご意見・ご感想はコチラ

「人材が定着する会社」の社長が実践していること38

二〇二三年二月二十七日　第一刷発行

著　者　木村辰幸
発行人　久保田貴幸
発行元　株式会社 幻冬舎メディアコンサルティング
〒一五一-〇〇五一 東京都渋谷区千駄ヶ谷四-九-七
電話 〇三-五四一一-六四四〇（編集）
発売元　株式会社 幻冬舎
〒一五一-〇〇五一 東京都渋谷区千駄ヶ谷四-九-七
電話 〇三-五四一一-六二二二（営業）
印刷・製本　中央精版印刷株式会社
装　丁　野口 萌

検印廃止

Printed in Japan ISBN 978-4-344-94471-8 C0034
幻冬舎メディアコンサルティングHP https://www.gentosha-mc.com/